2020 - 2022 앞으로 3년, **투자**의 **미래**

2020 - 2022
앞으로 3년,

김영익, 강흥보 지음

한스미디어

현실이 된 '위험한 미래', 또 다른 기회 앞에서

저는 2019년 한 해 동안 '메이크잇' 강흥보 대표와 유튜브를 통해 글로벌 경제와 금융 시장에 대해 많은 시간 깊은 대화를 나눴습니다. 저는 펀더멘털 중심으로 경제와 금융 시장을 분석했고, 강 대표는 기술적 지표를 대상으로 현 상황을 진단하고 미래를 전망했습니다. 많은 부분에서 견해가 같았습니다. 유튜브로 저희를 지켜보던 출판사에서 대화 내용을 바탕으로 책을 출간하자는 제안이 들어왔습니다. 이 책이 나온 이유입니다.

《위험한 미래》라는 저서를 낸 지 1년이 조금 더 지났습니다. 저는 이 책에서 2020년 무렵 중국에서 금융으로 우리 국부를 늘릴 절호의 기회가 올 것이라 주장했습니다. 지금도 같은 생각입니다. 2008년 미국에서 시작되었던 글로벌 금융위기를 극복하기 위해 각국 정책 당국은 과감한 재정 및 통화 정책으로 수요를 부양했습니다. 그 후 세계 국내총생산GDP이 40% 정도 증가하는 등 세계 경제가 회복되었습니다. 그러나 그 과정에서 가계, 기업, 정부가 부실해졌습니다. 장기간 지속된 저금리와 풍부한 유동성으로 각종 자산 가격에 거품이 발생하기도 했습니다. 이들이 해소돼야 세계 경제는 다시 성장할 수 있을 것입니다. 특히 중국이 기업 부실을 털고 넘어가야 소비 중심으로 안정적인 성장을 이룰 수 있습니다. 2020년은 그 진통이 절정을 이루는 시기일 것이라 내다보입니다.

이 책에서 제가 쓴 부분은 《위험한 미래》의 내용에서 크게 벗어나지 않습니다. 특히 4장 부분이 그렇습니다. 물론 다소간의 시차는 있습니다. 예를 들면 2019년 4월에 미국이 중국을 환율 조작국으로 지정할 것이라는 시나리오를 제시했는데, 실제로는 8월이었습니다.

1년 넘게 지났기 때문에 각종 데이터도 업데이트했습니다. 이 책의 의미는 강흥보 대표의 미래를 내다보는 통찰력에서 찾을 수 있을 것입니다.

《3년 후 미래》와 《위험한 미래》에 이어 《투자의 미래》라는 창으로 또 앞을 내다봅니다. 위기는 선택적 변화를 통해 성공의 길로 가는 전환점입니다. 이 책이 다가오는 위험한 미래의 실체를 인식하고, 그 충격에 현명하게 대처하는 데 조금이라도 도움이 되었으면 합니다.

2019년 10월

김영익 드림

30년 만에 부의 패러다임이 바뀌는 시기

10여 년 동안 투자 전문가로서 많은 투자자를 만날 기회가 있었습니다. 투자자 대부분이 주식, 선물옵션, 암호화폐 같은 변동성이 큰 금융 상품에 투자하면서도 투자 상품에 대한 이해도가 매우 적다는 것을 알 수 있었습니다. 그나마 투자에 나선 사람은 돈에 대한 관심이 있었지만, 대부분의 사람은 그조차 관심이 없었습니다. 아직 우리나라에서는 노동으로 받는 돈만 값어치가 있다고 생각하기도 하고, 투자를 잘 못하면 집안이 망한다는 잘못된 인식이 남아 있습니다.

그럼에도 저성장, 저금리 시대가 지속되면서 저축을 통한 재테크에서 투자를 통한 재테크로 빠르게 패러다임이 바뀌고 있습니다. 우리는 앞으로 호화롭지 않더라도 부족함 없는 생활을 하기 위해 적절한 투자처를 찾아야 하는 시대를 살아가야 합니다.

　다양한 투자자를 만나며 무엇보다 대중의 금융 이해력을 높이는 것이 절실하다고 생각했습니다. 여러 투자 상품을 다루면서 조금이라도 먼저 느끼고 배운 것을 쉽게 설명해 나누고 싶은 것이 저의 마음입니다. 어떻게 하면 대중에게 금융 지식과 현명한 투자 방법을 쉽게 알릴 수 있을까를 고민한 끝에 시간과 법적 제약, 협찬과 광고 같은 이해관계에 막혀 공중파 매체에서는 다 풀지 못하는 이야기를 솔직하고 직설적으로 나눌 수 있다면 좋겠다고 생각했습니다.

　한국경제 TV, 머니투데이 등에 시황 전문가로 출연하는 동안 김영익 교수님을 자주 마주쳤습니다. 방송에서 깊은 인사이트를 주는 교수님께 존경하는 마음으로 콘텐츠 기획 취지를 말씀드렸습니다. 분명히 우리 사회에 필요한 일이며, 투자자의 등불이 돼주고 싶다는 의견을 주셔서 교수님과 함께 유튜브 구독자들과 소통하기 시작했습니다.

교수님의 펀더멘털에 대한 깊은 인사이트와 기술적 지표를 바라보는 분석 시황은 제게 또 다른 경험과 배움이었습니다. 교수님과 많은 부분에서 견해가 같다는 것을 확인했을 때 '투자의 미래'에 대한 확신을 얻었습니다.

2020~2022년 글로벌 경제는 또 한 번 거친 풍랑을 겪으며 성장할 것이고 대한민국 경제 역시 높은 파고를 넘어야 할 것입니다. 앞으로 3년은 30년 만에 부의 패러다임이 바뀌는 시기가 될 것입니다. 모두가 이 기회를 놓치지 말고 잃지 않는 투자, 이기는 투자를 하시기 바랍니다.

2019년 10월

강흥보 드림

차례

1장 세계 경제위기 속 기회가 있다

2장 위기를 기회로 바꾸는 투자 패러다임

세계 경제위기 속 기회가 있다

강흥보 세계 경제가 위기 조짐입니다. 기술적 분석으로 볼 때 세계 주요국 주식 시장의 차트가 우하향할 가능성이 큽니다. 앞으로 세계 경제는 어떻게 전개될까요?

김영익 세계 각국은 경제위기를 극복하는 과정에서 많은 부채를 썼습니다. 미국 등 선진국은 정부 부채가 증가했고, 중국은 기업 부채가, 우리나라는 가계 부채가 급격히 늘었습니다. 이 부채를 해결하는 과정에서 구조조정과 경제위기를 피할 수 없을 것입니다. 2019년 말부터 2020년 사이에 경제위기가 시작되리라 봅니다.

부채의 늪, 더 큰
글로벌 경제위기가 온다

구체적인 시기나 크기를 두고 약간의 이견이 존재하지만, 세계 경제가 위기 국면으로 향해가고 있다는 데 경제학자들의 의견이 대체로 일치한다. 지표와 데이터로 기술적 투자를 하는 현장 투자 전문가들도 이 흐름을 감지하고 있다. 2020년 무렵을 경제위기의 시발점으로 보는 게 대다수의 의견이다. 이 경제위기는 미국의 서브 프라임 모기지 부실로 빚어졌던 2008년의 금융위기와는 그 성격이 다를 것이다. 각국이 위기를 극복하려고 썼던 재정 및 통화 정책에 한계가 있기 때문이다. 그래서 다가오는 위기는 더욱이 고통스러울 수 있으며, 근본적인 변화를 요구하게 될 것이다.

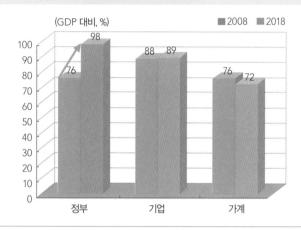

선진국 정부 부채 급증

(GDP 대비, %) ■2008 ■2018

정부 76 98
기업 88 89
가계 76 72

자료 : BIS

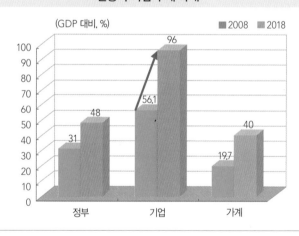

신흥국 기업 부채 확대

(GDP 대비, %) ■2008 ■2018

정부 31 48
기업 56.1 96
가계 19.7 40

자료 : BIS

투자의 미래

위기 극복이 불러온 또 다른 위기

2008년 미국발 금융위기가 전 세계로 퍼져나갔다. 그 여파로 2009년 세계 경제 성장률은 −0.4%를 기록했다. 세계 경제가 충격에 빠졌다. 1982년 2차 오일 쇼크로 전 세계가 침체에 빠진 이후 처음으로 마이너스 성장률을 보인 것이다.

금융위기를 극복하려는 각국의 노력이 전개되었다. 위기의 진원지였던 미국이 가장 적극적이었다. 재정 지출을 늘렸으며 금리를 0% 수준으로 내리고 양적 완화라는 비정상적인 통화 정책을 통해 천문학적인 돈을 풀어 유동성을 증가시켰다. 유럽과 일본 등 다른 선진국들도 정도의 차이는 있었지만, 미국과 비슷한 정책을 시행하며 위기에 맞섰다.

시간이 지나면서 노력의 효과가 나타났다. GDP의 중요 구성 부분이 정부 지출이 증가하며 소비와 투자가 회복되었다. 경기의 상승 조짐도 나타났다. 특히 미국 경제의 회복과 상승세가 돋보였다. 2017년 하반기부터는 실제 GDP와 잠재 GDP의 퍼센트 차이인 산출물 갭output gap이 플러스로 전환되면서 인플레이션이 걱정될 정도까지 올라왔다.

그러나 이것은 완벽한 회복과 경제 상승이 아니었다. 비정상적인 정책을 동원했기에 부작용이 발생할 수밖에 없었다. 이미 예상된 일이었다. 먼저 부채를 동원해 재정 지출을 늘린 정부가 부실해졌다. 2008년 선진국의 정부 부채는 GDP의 76% 수준이었다. 그러나 2018년에는 이 수치가 98%까지 치솟았다(BIS 자료). 이런 경향은 신흥국도 마찬가지였다. 같은 기간 신흥국 정부 부채는 GDP의 31%에서 48%로 늘어났다. 특히 브라질의 정부 부채가 GDP의 62%에서 87%로 급격히 늘어나 위험성을 드러냈다.

기업과 가계도 부채의 늪에 빠지다

경제위기 극복 과정에서 선진국과 일부 신흥국은 정부 부채가 늘어나면서 부실에 빠졌다. 그리고 상당수 신흥국은 기업 부채가 급격히 증가해 부실이 깊어졌다. 2008년 신흥국의 기업 부채가 GDP에서 차지하는 비중이 56%였다. 그것이 2018년에는 96%로 뛰어올랐다. 경제위기에 맞섰던 약 10년 동안 기업 부채가 2배 가까이 늘어난 것이다.

이러한 기업 부채 증가는 중국이 가장 심각했다. 2008년에서 2017년 9월 사이 중국의 기업 부채가 GDP에서 차지하는 비중은 96%에서 163%(2018년 말 152%)로 급증했다.

투자의 미래

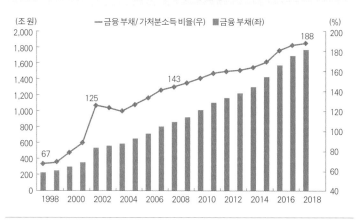

한국 가계 부채 급증

(조 원)　　　—금융 부채/가처분소득 비율(우)　■금융 부채(좌)　　(%)

자료 : 한국은행

　2009년 미국 등 선진국 경제가 -3.5% 성장하는 와중에 중국 경제는 9.2%나 성장했다. 그러나 이 성장을 건실하게만 볼 수 없다. 중국 경제의 고성장은 차입에 의한 기업 투자 증가가 이끌었기 때문이다. 2009년 중국에서 고정 투자가 GDP에서 차지하는 비중은 46%였다. 이것은 세계 평균인 22%보다 2배 이상 높은 수치다. 기업들이 투자를 늘려 경제 성장에 크게 기여했지만, 이제는 그 여파로 기업이 부실에 시달리게 되었다.

　터키도 기업 부채가 크게 증가한 나라다. 2008년에서 2017년 9월 사이 기업 부채가 GDP의 36%에서 67%로 늘었다.

우리나라에서는 가계 부채 증가가 경제위기의 뇌관이 되고 있다. 2008년 GDP의 74%였던 가계 부채가 2018년에는 98%로 늘었다. 가처분소득 대비로는 개인의 금융 부채가 같은 기간 동안 143%에서 188%로 대폭 증가했다.

위기의 시작과 전개

선진국은 선진국대로, 신흥국은 신흥국대로 빚을 늘려 경제위기를 극복하고 경제 성장을 이끌어왔다. 빚은 언젠가 갚아야 할 돈이다. 그래서 성장의 발목을 잡을 가능성이 늘 잠재해 있다. 특히 경제 상황이 좋지 않아 상환 압박이 심해지면 허약한 체계가 지탱하지 못하고 무너질 수 있다. 세계 각국은 늘어난 정부 부채, 기업 부채, 가계 부채로 부실에 시달리게 되었다. 이 부실을 처리하지 않으면 앞으로 나아갈 수 없다. 이 부실을 없애는 과정이 바로 고통스러운 경제위기가 될 가능성이 크다.

이미 위기의 조짐이 보이기 시작했다. 경제가 허약한 나라부터 부채에 의한 성장의 한계가 서서히 드러나고 있다. 2018년 들어 브라질, 터키, 남아프리카공화국의 경제가 어려워지기 시작한 것은 부채의 늪에서 빠져나오지 못했기 때문이다.

하지만 세계 경제를 침체에 빠뜨릴 만한 더 큰 위기는 미국과 중국에서 올 것이다. 책을 쓰는 현재 시점까지 미국 경제는 괜찮다. 미국 경기는 2009년 6월을 저점으로 2019년 8월까지 122개월 확장 국면을 이어오고 있다. 미국의 경기 순환 역사상 가장 긴 경기 확장 국면이다.

미국은 2015년 12월에 제로 금리 정책을 폐지한 뒤 2018년 12월까지 총 9번에 걸쳐 25bp(1bp=0.01%포인트)씩 금리를 인상해 연방기금 금리를 2.25~2.50%까지 올렸다. 금리 인상은 경기 호황에 따른 인플레이션 우려로 인한 것이다. 그만큼 미국의 경제가 호황을 기록했다. 그러나 금리 인상은 궁극적으로 소비와 투자를 위축시킨다. 미국 경제의 호황이 주춤하고 침체 가능성이 보이자 미국 연방준비제도이사회FRB는 2019년 7월과 9월에 오히려 금리를 두 차례 인하했다. 2020년에는 미국 경제가 수축 국면에 접어들 가능성이 높고 금리도 더 내릴 것으로 내다보인다.

2018년 중국의 주가가 상당히 떨어졌다. 이것은 중국의 부실 기업과 은행의 구조조정이 임박했음을 예언하는 신호탄과 같다. 중국은 2008년 글로벌 금융위기 때도 고성장을 기록하면서 세계 경제의 극심한 침체를 막아주었다. 그러나 이제 그 중국이 구조조정의 대상이 되었다. 다시 세계 경제위기가 찾아올 때 완충 역할을 할 나라가 없어진 형국이다.

경제위기 극복 과정에서 초저금리와 풍부한 유동성으로 각종 자산 가격에 거품이 생겼다. 이제 그 거품이 빠지기 시작하고 있다. 2019년 하반기 이후로는 주식과 부동산 시장에 생긴 거품이 점차 해소될 전망이다.

선진국과 신흥국들은 2008년 경제위기를 극복하는 과정에서 재정과 통화 정책이라는 무기를 다 써버렸다. 새로운 위기 앞에서 과거와 같은 정책을 쓸 여력이 없다. 임박한 경제위기는 2008~2009년보다 더 깊을뿐더러 극복하는 데도 더욱 많은 기간이 걸릴 것이다.

부채를 줄이고 위기 속의 기회를 봐야 한다

경제위기 상황에서는 개인의 부채도 점검해봐야 한다. 한국인들은 과거 고성장과 인플레이션의 기억을 가지고 부채를 대하는 경향이 있다. 금리가 낮으면 부채도 능력이라고 생각하는 사람이 많다. 물론 인플레이션 상황에서는 부채가 큰 문제가 아닐 수 있다. 그런데 한국은행의 발표에 따르면 2018년의 총체적인 물가 수준인 GDP 디플레이터가 0.5%밖에 오르지 않았다. 2006년 이후 12년 만에 최저 수준이다. 더구나 2018년 4분기에서 2019년 2분기까지 GDP 디플레이터가 3분기 연속 하락하기도 했다. 또한 2019년 8월 소비자물가 상승률이 전년 동월에 비해서 0.04% 하락했는데, 이는 통계청이 소비자물가지수를 작성한 1965년 이후 처음 있는 일이다.

우리나라도 디플레이션 시대가 올 수 있다는 경고를 신중하게 받아들여야 한다. 디플레이션 시대에 부채가 있으면 정말 힘들고 고통스럽다. 금리가 낮다고 부채를 늘리는 것은 바람직한 태도가 아니다. 금리에는 미래의 물가와 경제 성장 전망이 포함된다. 지금 금리가 낮다는 것은 물가와 경제 성장률이 떨어진다는 의미다. 금리가 낮다고 부채를 늘려서 소비하거나 위험 자산에 투자하는 것은 결코 좋은 방향이 아니다.

크리스틴 라가르드 국제통화기금IMF 총재는 세계 경제를 전망하면서 "구름이 너무 많으면 한 번의 번개만으로도 폭풍이 시작될 수 있다"고 경고했다. 그러면서 4가지 큰 먹구름을 언급했다.

첫째, 미국과 중국의 무역전쟁이다. 둘째, 금융 긴축이다. 전 세계적으로 과도한 부채와 차입 비용이 경제의 위험성을 불러왔다. 셋째, 브렉시트다. 넷째, 중국의 경기 둔화다.

이런 먹구름이 가득 끼어 있을 때는 작고 우발적인 계기 하나라도 전 세계의 경제위기를 촉발할 수 있다는 점을 경계해야 한다. 전 세계적 금융위기가 현실로 다가오고 있다. 이것은 엄청난 고통과 변화를 동반한다. 하지만 미리 준비한 사람에게는 기회가 될 수 있다. 이에 대해 공부하고 준비해야 한다.

아시아 금융위기 재개 가능성 높아

최근 세계 3대 경영컨설팅회사 가운데 하나인 맥킨지앤드컴퍼니(이하 맥킨지)는 아시아 국가가 1997년 부채위기 이후 다시 금융위기를 겪을 수 있다는 보고서(Mckinsey & Company, "Signs of stress in the Asian financial system", 2019. 7)를 냈다. 현실화 가능성이 높은 만큼 각 경제 주체가 대비책을 마련해야 할 것이다.

맥킨지는 실물 경제뿐 아니라 금융 시스템이나 글로벌 자금 흐름 측면에서 아시아 국가들이 위기를 겪을 가능성이 높다고 보고 있다. 우선 실물 부문에서 이자보상배율이라는 지표를 활용해 기업 부채가 과다하다는 것을 지적한다. 이자보상배율이란 영업 이익을 이자비용으로 나눈 것으로 기업의 채무상환능력을 나타내는 대표적 지표다. 맥킨지는 한 나라 기업 중 이자보상배율이 1.5 이하인 기업이 25% 이상이면 위험하다고 평가한다. 그런데 2017년 기준으로 보면 인도의 경우 이 비중이 43%로 2007년에 비해 30%나 증가했다. 중국도 같은 기간 37%로 21% 늘었다.

한국의 경우 이자보상배율이 1.5 이하인 기업 비중이 20%로 안정적이다. 그러나 맥킨지는 가계 부실을 지적하고 있다. 2018년 3분기에 한국의 GDP 대비 가계 부채는 97%로 매우 높다. 오스트레일리아의 경우 이 비율이 123%로 위험한 수준이다. 중국의 GDP 대비 가계 부채는 51%로 상대적으로 낮긴 하지만 2010년 이후 연간 20%씩 급격하게 증가하고 있다.

다음으로 아시아 금융회사들의 수익성이 낮아지고, 자금 불일치 문제도 심각해지고 있다. 아시아 은행들의 평균 자기자본이익률이 2010년 12.4%에서 2018년에는 10.0%로 떨어졌다. 1997년 한국의 외환위기 원인 가운데 하나가 단자회사들의 단기 차입을 통한 장기 대출이었는데, 현재 중국과 인도의 비은행 금융회사들이 유사한 형태의 영업을 하고 있다. 인도중앙은행RBI의 추정에 따르면, 비은행 금융회사의 대출 가운데 99.7%가 만기가 불일치한 상태다. GDP의 55%(2017년 기준)에 이르는 중국의 그림자금융도 정도의 차이이지 단기 차입을 통해 장기 대출을 해준 것으로 나타나고 있다.

마지막으로 세계 자금 흐름 측면에서 봐도 아시아 국가는 위험해 보인다. 해외직접 투자, 금융회사 대출, 주식 및 채권 투자를 포함한 글로벌 자금 흐름은 2007년 12조 7,600억 달러에서 2018년에는

4조 4,400억 달러로 거의 4분의 1 수준으로 줄었다. 그러나 아시아로 자금유입액은 같은 기간 1조 4,900억 달러에서 1조 6,200억 달러로 오히려 늘었다. 글로벌 자금 흐름에서 아시아가 차지하는 비중이 12%에서 36%로 3배나 증가한 것이다. 글로벌 금융 시스템에 문제가 발생하면 아시아 국가들이 가장 큰 충격을 받을 수밖에 없는 이유다.

그렇다면 어떤 계기(트리거)로 실물과 금융 부문의 누적된 문제가 터지면서 아시아 국가들이 위기를 겪게 될 것인가? 맥킨지는 금리 상승, 세계 경제의 침체, 자산 가격의 거품 붕괴가 그 계기가 될 것으로 보고 있다. 세계 주요국의 중앙은행이 저금리를 유지하고 돈을 더 풀 것이기 때문에 시장금리가 상승할 가능성은 낮다.

그러나 경기 침체로 기업의 수익성이 악화하면서 이자보상배율이 크게 낮아질 수 있다. 미국이 2019년 7월에 이어 9월에도 정책 금리를 인하했다. 장단기 금리 차이의 역전이 시사하는 것처럼 머지않아 미국 경제도 침체에 빠질 가능성이 높기 때문이다. 최근 독일의 10년물 국채 수익률이 −0.7%에 이를 정도로 유로존의 경제 성장이 크게 둔화되고, 일본 경제도 제조업 중심으로 나빠지고 있다. 여기다가 세계 GDP의 24%를 차지하고 있는 미국 경제마저 수축 국면에 접어들면 아시아 경제의 부채 문제는 심각하게 드러날 수 있다.

또한 2008년 글로벌 금융위기 이후 초저금리와 양적 완화에 따른 풍부한 유동성으로 주식과 부동산 등 각종 자산 가격에 거품이 발생했다. 이 거품이 붕괴될 조짐을 보이면, 지난 10여 년 동안 아시아 시장으로 몰렸던 자금이 단기에 큰 폭으로 유출될 것이다.

아시아 경제가 필연적으로 금융위기를 겪어야 한다는 이야기는 아니다. 그러나 잠재적 위험이 커지고 있는 만큼 대비는 해야 한다. 2008년 글로벌 금융위기 때는 중국과 인도 경제가 높은 경제 성장을 했기 때문에 우리 경제는 큰 충격을 받지 않았다. 그러나 위기의 진원지가 아시아라면 상황은 달라진다.

정책 당국은 모니터링을 강화하고 위기 시 대응 시나리오를 미리 마련해야 한다. 금융회사는 보유 자산의 신용 리스크 재평가와 다양한 상황을 가정한 스트레스테스트를 통해 안정성을 도모해야 한다. 기업은 핵심 역량은 유지하면서 사전 구조조정으로 유연성을 키워야 한다. 장기적으로는 세계 소비축이 미국에서 아시아로 이전되는 과정이 전개되고 있다. 위기 후 아시아 경제는 다른 지역보다 더 높은 성장을 할 것이다. 미리 전략적 방향을 설정해놓아야 그 기회를 활용할 수 있는 것이다.

준비된 위기는
기회다

IMF 외환위기를 돌아보며 - 위기였나, 기회였나?

1997년 12월 3일은 대한민국 '국가 부도의 날'로 기록된다. 이 날 정부는 IMF로부터 긴급 자금을 지원받기로 합의했다. 이른바 IMF 체제가 시작되었다. 당시 코스피 지수는 379.31이었다. 1994년 이미 1,000을 돌파했던 코스피 지수가 약 3분의 1 수준으로 급락한 것이다. 앞날이 불투명한 경제 상황에 대한 불안감이 반영된 수치지만, 한국 기업의 펀더멘털에 비춰볼 때 지나치게 낮았다.

그러나 상당수 투자자는 매도를 선택했다. 더 하락하기 전에 팔겠다는 손절매가 기승을 부렸다. 1998년 6월 16일 코스피 지수는 1987년 이후 최저점인 280까지 추락했다. 투자자들은 한국 경제와 기업이 다시 일어서지 못하리라 여겼던 것일까? 그보다는 심리적인 경향, 즉 경제위기 때 하락을 염려하는 손실 회피 성향이 힘을 발휘한 것으로 보인다.

IMF 외환위기 직후인 1998년 2월에 삼성전자 주가는 3만 2,500원이다. 이후 1주를 50주로 나누는 액면 분할을 했기에 현재 기준으로는 650원이다. 1998년에는 삼성전자 주식을 1주당 650원에 살 수 있었다. 이 무렵 3,000만 원을 삼성전자 주식에 투자했다면 2019년 8월 말 현재 20억 원으로 불어나 있을 것이다. 2018년의 절정기보다 주가가 많이 내렸는데도 그렇다. 물론 위기가 끝난 후 다시 오를 가능성이 크다.

IMF 외환위기 직전인 1997년 11월 21일에서 15년 후인 2012년 11월 21일 사이 상승 폭이 큰 종목들을 표로 살펴보자. 많게는 90배 가까이 올랐다. 86개 기업이 매년 15% 이상 주가가 상승했다. 15년 동안 평균 15% 올랐다면 복리 원리가 적용되어 8배로 불어난다. 최고 수준의 펀드 매니저들과 견줄 만한 수익률이다. 지금 이런 자료들을 놓고 회고한다면 IMF 외환위기는 고통스럽고 불안한 위기인 동시에 절호의 투자 기회였다.

IMF 외환위기 이후 상승 종목(1997~2012)

종목명	주가			
	1997년 11월 21일	2012년 11월 21일	상승률	연평균
동원산업	3,505	323,500	9,130%	35.2%
오리온	13,846	1,077,000	7,678%	33.7%
웅진코웨이	615	39,000	6,241%	31.9%
현대모비스	4,767	264,500	5,449%	30.7%
삼천리자전거	279	10,300	3,592%	27.2%
삼성전자	39,852	1,384,000	3,373%	26.7%
고려아연	12,446	429,000	3,347%	26.6%
동부화재	1,338	45,500	3,301%	26.5%
하이록코리아	612	19,750	3,127%	26.1%
아트라스BX	1,080	32,100	2,872%	25.4%
롯데삼강	24,710	708,000	2,765%	25.1%
금호석유	3,546	100,500	2,734%	25.0%
태광	798	21,050	2,538%	24.4%
신세계	7,627	198,500	2,503%	24.3%
호남석유	8,039	194,000	2,313%	23.6%
피제이전자	304	6,800	2,137%	23.0%
에쓰오일	4,298	95,900	2,131%	23.0%
빙그레	5,567	123,500	2,118%	23.0%
넥센타이어	685	15,000	2,090%	22.8%
서부티엔디	1,096	23,700	2,062%	22.7%

기회를 놓치다

IMF 외환위기를 극복하는 과정에서 한국인들은 세계가 깜짝 놀랄 만한 저력을 보여주었다. 실직과 폐업, 고금리 등으로 모진 고생을 하면서도 국가 경제를 살리기 위해 금 모으기에 자발적으로 나섰으며 헌신적으로 일했다. 그 결과 2001년 8월 23일에는 구제금융 195억 달러를 전액 상환하고 IMF 관리 체제를 조기에 벗어났다. 세계에서 유례가 없던 일이었다.

IMF 관리 체제에서 한국의 금융기관과 기업들은 구조조정과 혁신을 이뤘다. 부실을 털어내고 투명한 회계 제도를 도입했으며 자본 시장을 안정시켰다. 외환위기 직후 저점을 기록한 1998년 6월 16일 62조 원에 불과했던 한국 주식 시장의 시가총액은 얼마 지나지 않아 1,000조 원을 넘겼으며 2008년 활황기 때는 2,000조 원 시대를 열기도 했다. 280으로 내려앉았던 코스피 지수는 10년 후 2,000을 달성했다. 2018년에는 2,607까지 치솟았다.

그러나 대부분 한국인은 경제위기 극복과 구조조정 이후 도약 과정에서 투자의 과실을 맛보지 못했다. 준비되지 않은 위기를 넘어서는 데 급급했을 뿐, 이 위기가 좋은 투자 상품을 싸게 사들여 부를 이룰 절호의 기회임을 깨닫지 못했다.

IMF 외환위기 이후의 투자 성과는 대부분 외국인 투자자의 몫이었다. 이들은 내실 있는 한국 기업의 주가가 위기 이후 급등할 것임을 경험적으로 알고 있었다. 그래서 적극적으로 투자했고 엄청난 이익을 올렸다. IMF 이후 한국 우량 기업의 외국인 지분율은 비약적으로 상승했다.

글로벌 금융위기 여파로 2009년에도 주식 시장의 급락이 있었다. 2,000을 넘겼던 코스피 지수가 1,000을 위협하며 급락했다. 한국 경제와 체질은 꽤 개선된 상태였지만 이때도 어김없이 손실 회피 성향이 나타났다. 잠깐의 하락기 동안의 투자 기회가 있었지만, 이를 제대로 살린 사람은 많지 않았다.

경제의 펀드멘털이 튼튼하고 실적이 뒷받침되는 기업이라면 경제위기가 닥쳤을 때 매수 기회가 온다. 이 기회를 적극 살려야 한다. 그러나 보통 사람들은 위기가 오면 겁을 먹는다. 더 떨어질 것 같아서 매도하고 매수 기회를 놓친다.

임박한 위기에서 기회를 살리자

미국의 사모펀드 론스타는 2003년 외환은행의 지분을 헐값에 사들였다. 외환은행 지분 인수대금 1조 3,834억 원, 코레르츠방크와 수출입은행에 대한 콜옵션 행사 7,715억 원 등 2조 1,549억 원을 투입했다. 그 후 1조 7,099억 원의 배당금을 챙겼고, 보유 지분 일부를 매각해 1조 1,928억 원을 벌었다. 2012년 하나금융에 지분을 매각하면서 3조 9,157억 원을 받았다. 총 6조 8,184억 원을 벌어들인 셈이다. 투자 금액의 2배가 넘는 4조 6,635억 원을 챙기고 떠난 것이다. 불법과 부도덕성 논란이 있지만, 적어도 론스타는 잠재된 기회를 파악하고 이익을 실현하는 데는 탁월한 능력을 보였다. 얄미운 먹튀지만 이 한 가지만은 꼭 배워야 한다.

위기를 기회로 바꾸는 탁월한 투자자들은 3가지 공통점이 있다.

첫째, 변화에 민감하며 위기 징후를 파악하는 능력이 있다. 그들은 경제 흐름을 관찰하고 경제 공부를 통해서 위기를 알고 미리 대비한다. 그리고 위기 속에 숨은 기회를 파악해낸다.

둘째, 위기에 잠재된 기회를 살리기 위해 현금을 많이 보유해둔다. 절호의 기회가 주어졌다 하더라도 투자 재원이 없다면 소용이 없다. 그래서 운용할 수 있는 현금을 비축해둔다.

셋째, 용기가 있다. 경제위기가 닥치고 다른 사람들이 불안에 떨며 매도에 나설 때 반대 방향으로 행동하는 과감한 용기를 발휘한다. 그리고 보유한 현금뿐 아니라 레버리지를 이용해 자금을 만들어 투자한다.

부채로 성장해온 세계 경제는 털어내야 할 시점에 와 있다. 재정과 통화 정책은 앞선 위기에서 이미 다 써버려 여력이 없다. 글로벌 금융위기 때 홀로 급성장하며 버팀목이 되었던 중국도 이번 위기에는 힘을 쓰기 어렵다. 구조조정 대상이기 때문이다. 세계 경제의 침체, 투자와 소비 부진 속에 수출 중심의 한국 경제 역시 고투가 예상된다. 그 어느 때보다 힘겹고 오래갈 위기 앞에 직면해 있다. 당연히 주가 하락이 예상된다.

그러나 이 속에 기회가 숨어 있다. 구조조정을 진행한 후 더 투명하고 개방된 중국 기업들은 IMF 이후 한국 우량 기업들이 그랬듯이 급성장하며 몸값을 키울 것이다. 부채를 털어낸 미국 경제도 한 단계 높은 성장이 예상된다. 세계 경제가 회복되면서 한국 경제와 기업의 사정도 한결 나아질 것이다. 위기와 하락 이후 안정적 성장이 예정되어 있다.

임박한 세계 경제위기는 부를 쌓을 기회가 된다. 국내뿐 아니라 중국 등 외국에서 금융으로 부를 늘릴 수 있을 것이다. 그 기회를 살리기 위해 더욱 공부해야 할 것이다. 이 책의 내용이 좋은 가이드가 될 수 있으리라 생각한다.

투자는 선택이
아니라 필수

저금리 시대의 투자 패러다임

한국 경제는 구조적으로 저성장 국면에 진입했다. 각종 경제지표는 이를 극명하게 드러내고 있다. 경제의 현재와 미래를 가장 확실하게 보여주는 지표는 금리라 할 수 있다. 금리는 미래의 경제 성장과 물가를 담고 있다. 2019년 한국의 3년 만기 국채 수익률이 1.1%를 기록했다. 역사상 최저다. 이는 앞으로 한국의 경제 성장률이 낮아진다는 것을 의미한다. 한국개발연구원KDI은 한국의 잠재 성장률을 3%로 봤는데, 이것이 2.8%로 낮아졌다는 게 현실적 진단이다.

한국 경제 성장률은 앞으로 5~6년간 2%대에서 머물다가 장기적으로는 1%대로 떨어질 것이다.

구조적으로 경제 성장률이 낮아져 금리 인하 추세를 피할 수 없다. 대표적으로 주택담보대출 금리가 가장 많이 낮아졌다. 기업의 자금 수요가 낮아지자 은행들이 돈을 운용할 곳을 찾기 어려워졌고 주택을 담보로 가계에 돈을 빌려주는 비중을 늘렸다. 채권 매수도 증가했다. 이런 상황에서 금리는 더 떨어질 수밖에 없다.

저성장, 저금리 시대로 접어들면서 금융과 투자의 기대수익률이 매우 낮아졌다. 이른바 원금 보장형 예금 등으로는 자본 이익을 얻을 수 없다. 은행 예금이나 적금 금리는 1~2% 수준이다.

과거 우리나라는 금리가 8~9%에 이르던 때가 있었다. IMF 금융위기 때는 금리가 두 자릿수로 치솟기도 했다. 금리 8%일 때 9년을 넣어두면 복리로 계산했을 때 원금이 2배가 된다. 이때는 은행 예금이나 적금으로도 돈을 불릴 수 있었다. 하지만 2% 금리에서는 원금이 2배로 불어나는 데 36년이나 걸린다. 돈이 불어나는 속도가 매우 느리다.

이런 경향은 부동산도 마찬가지다. 상가나 오피스텔 등의 수익형 부동산의 임대수익률이 저하 경향을 보이고 있으며 장기적으로 봤을 때 아파트와 토지 등의 시세 차액도 기대하기 어려운 형편이다.

투자의 미래

따라서 단순히 돈을 맡겨두는 소극적인 자세로는 자본 이익을 기대하기 어렵게 되었다.

이러한 까닭에 이 시대에 투자는 선택이 아닌 필수다. 하지만 투자를 만만하게 보고 쉽게 접근하면 안 된다. 고위험·고수익 상품에 투자했다가 낭패를 보는 사례가 점점 늘고 있다. 2019년 9월에는 우리은행이 판매했던 '독일 국채 금리 연계 파생 결합 상품DLF'이 전액 손실을 기록해 투자자들이 큰 손실을 입었다. 1억 원을 투자했다면 192만 원만 건지는 형국이다. 투자자들이 이런 위험에 대해 충분히 알지 못했다는 사실은 안타까움을 준다. 금융과 투자에 대한 이해가 부족하면 언제든 일어날 수 있는 일이다.

균형 잡힌 투자 문화가 확산되려면

돈이 불어나는 속도가 점차 더뎌지고 고수익 투자 기회가 없어지면 고위험·고수익 상품으로 시선이 쏠리기도 한다. 상대적으로 젊은 세대들에게서 이런 모습이 많이 나타난다. 더 위험한 일은 이런 상품에 투자하려고 감당할 수 없는 부채를 짊어지기도 한다는 것이다. 금융과 투자에 대한 폭넓은 이해와 치밀한 판단 없이 고수익을 향해 뛰어들어서는 안 된다. 철저한 준비를 해야 한다.

지금 은퇴에 접어든 베이비붐 세대의 현실을 보면 현명한 투자의 필요성을 더욱 절감하게 된다. 이들은 우리 경제가 피폐하던 시절에 태어났다. 끔찍한 가난을 겪으며 생존을 위해 열심히 일했다. 다행히 경제가 급성장하던 때라 일할 곳은 많았다. 이들의 노고가 한국 경제 성장의 밑거름이 되었다. 그리고 자신이 풍요로운 교육 기회를 누리지 못한 것을 보상하기라도 하듯 자녀 교육에 투자했다. 그러는 동안 자신의 노후 준비는 뒷전으로 미뤘다. 이들이 은퇴를 맞이하면서 막막한 상황이 되었다. 평균 수명이 늘어 살아야 할 날은 길어졌는데, 쓸 돈은 턱없이 부족해진 것이다. 이른바 무전장수無錢長壽의 불행을 겪게 된 것이다. 이들은 돈 없이 장수하는 것이야말로 재앙이라고 말한다.

고령화 시대에는 투자가 생존의 기술이 된다. 그런데 50~60세는 저위험·저수익 상품에 의존하는 경향이 강하다. 젊은 세대와 반대로 고연령층의 투자는 저위험·저수익 상품에 쏠린다. '원금 보장'에 묶여 투자 수익을 올리지 못한다. 이 역시 잘못된 투자의 단면이다. 예를 들면 퇴직연금을 통해 ETF 투자 등을 할 수 있는데도 선택하는 사람이 많지 않다.

투자가 '고위험·고수익'과 '저위험·저수익' 양극단으로 나뉘는 현상은 바람직하지 못하다. 금융 지식과 정보가 대중적으로 보급되어

균형 잡힌 투자가 확산되어야 한다. 올바른 투자가 필수인 시대에 투자 금융에 관한 이해력 부족을 해결하기 위한 금융 교육의 중요성이 대두되었고 개인이 접근할 수 있는 다양한 금융 상품에 대한 포트폴리오 구성이 필요해졌다.

이런 때 '투자 큐레이터'가 기능을 발휘하는 게 이상적이라 본다. 좋은 사례로 인베스팅닷컴을 들 수 있다. 이 회사는 대중을 위한 투자 큐레이터의 역할을 한다는 철학을 가지고 있다. 상품을 소개할 때 금융기관에서 돈을 받지 않는다. 그들의 수익 모델은 많은 사용자가 양질의 금융 정보를 소비하도록 하여 매체의 트래픽을 높여 광고 수익을 늘리는 것이다. 그들에겐 좋은 정보가 핵심 상품이다.

투자 성향의 변화

저성장, 저금리 시대로 접어들면서 한국의 가계 자산 비중이 변하고 있다. 부동산 등 실물에서 금융으로 재조정이 일어나는 상황이다. 한국 가계 총자산 가운데 부동산 비중은 67% 내외다. 그중 50대 후반부터 60대의 부동산 자산 비중은 80%로 매우 높다. 이 비율은 앞으로 점차 하락할 것이다.

금융 자산 중에서는 채권형 펀드 등 안전 자산에 대한 선호가 높다. 해외 투자 자산이 늘어나고 있는 점도 특징적이다. 2011년 이후 한국 주식 시장이 정체 상황에 빠지면서 새로운 기회를 찾아 해외로 눈을 돌린 투자자들이 늘었다. 대한민국 최고의 연기금인 국민연금공단도 2018년 말부터는 투자 운용에서 국내 주식보다 해외 주식 비중이 더 커졌다. 다른 연기금들도 같은 선택을 하고 있다.

한국의 투자 경향 변화는 이제 막 시작됐다. 이 변화는 일본형과 미국형의 두 갈래로 진행될 것이다. 일본인들은 은행 금리가 0%인 상황에도 자산의 53%를 은행에 맡긴다. 왜 이런 선택을 할까? 일본은 혹독한 디플레이션을 겪었다. 금리가 0%라도 물가가 마이너스이기에 실질 금리는 플러스 상태가 된다.

세계 최고의 고령국인 일본에서는 평균 67세에 상속을 받는다. 이때 주식 등 변동이 큰 투자보다 안전한 예금을 선호하기 마련이다. 이에 비해 미국인들은 가계 자산의 13%를 은행에 맡기고 36%를 주식에 투자한다.

표면적으로 볼 때 우리나라는 미국보다 일본형으로 변하는 모습이 감지된다. 주식 투자 비중이 작다. 하지만 미국형으로 변하는 조짐도 보인다. 한 예로 ETF 투자 비중이 늘고 있다. 미국 등 선진국에서는 주식 시장 시가총액에서 ETF 비중이 10%에 이른다. 한국은 이 비율이 2% 수준이지만 증가세에 있다는 점이 희망적이다.

발전한 투자 여건이 강점

제이미 락오버 인베스팅닷컴 부사장이 이런 말을 한 적이 있다. "맨해튼에서 비행기로 15시간 걸려 한국에 오면 타임머신을 타고 30년 후로 온 것 같다." 인터넷과 HTS 시스템을 통한 투자 여건이 그만큼 발전했다는 뜻이다.

한국은 아직 투자 문화가 낙후되었지만, 실무 인프라는 뛰어나다. 소셜미디어 등을 통한 투자 정보가 풍부하고 인터넷과 HTS가 발달해 거래가 편리하고 수수료가 낮다. 미국은 거래 1건의 수수료가 평균 5,000원 내외이지만 한국은 무료에 가깝다. 이런 발전한 투자 여건을 충분히 활용해야 할 것이다.

주식 시장 직접 투자로 고수익을 노리는 사람이 점점 늘고 있다. 주식 전업 투자자가 100만 명에 이르는 시대가 되었다. 이것은 부정적인 현상이 아니다. 현대의 직업은 전문성이 강해서 일단 성해지면 쉽게 바꿀 수 없다.

하지만 투자의 세계에서는 주식을 보유함으로써 수많은 산업을 접하고 그곳에서 수익을 낼 수 있다. 물론 투자 철학이 확고하고 지식과 정보로 무장해야 한다. 이 바탕에서 발전된 투자 실무 환경을 잘 활용한다면 높은 성과를 거둘 수 있을 것이다.

저금리 시대, 일의 가치

저금리 시대의 투자 전략을 이야기하면서 마지막으로 덧붙이고 싶은 말이 있다. "최고의 투자는 본업에 집중하는 것이다."

업무 역량을 향상해서 자기 몸값을 올리면 엄청난 수익률을 안겨준다. 예를 들어 성과를 인정받아 월급이 300만 원에서 330만 원으로 오른다면 월수익률이 10% 상승하는 셈이다. 단리 계산을 해도 연수익률이 120%다. 이만한 투자가 어디에 있을까? 금융 상품 투자 등은 이를 보완하는 수단으로 삼으면 더욱 좋겠다.

저금리 시대에는 자신이 일해서 버는 돈의 가치가 더욱 빛을 발한다. 2억 원짜리 즉시연금에 가입한 사람들은 현재 25만 원 약간 넘는 돈을 받는다. 곧 20만 원 이하로 떨어질 가능성이 크다. 월 20만 원을 버는 것은 2억 원의 예금 자산을 보유한 것과 마찬가지라는 결과다.

월 200만 원을 꾸준히 번다면 이는 20억 원의 예금을 보유하고 이자를 받는 것과 같은 효과가 난다. 작은 일자리, 사업이라도 소중히 여기고 자신의 가치를 키우기를 바란다.

글로벌 증시
투자 포인트

글로벌 주식 시장은 2019년 후반으로 갈수록 우하향하는 박스 형태의 모습을 보일 것이다. 박스 안에서 올라갔다 내려갔다를 거듭하겠지만 전반적인 추세는 우하향할 것으로 예측된다. 물론 일시적으로 큰 변동성을 보일 가능성도 있다.

2020년 초부터 2021년 사이의 1년 동안 바닥을 다지는 박스 형태를 보이다가 2022년 무렵부터 그 이후 구간에서는 중국 증시를 포함한 글로벌 증시와 국내 증시가 우상향하는 패턴으로 바뀔 가능성이 크다.

이 시기에는 국내 주식의 비중을 줄이고 중국과 미국 등 해외 주

글로벌 증시 동향

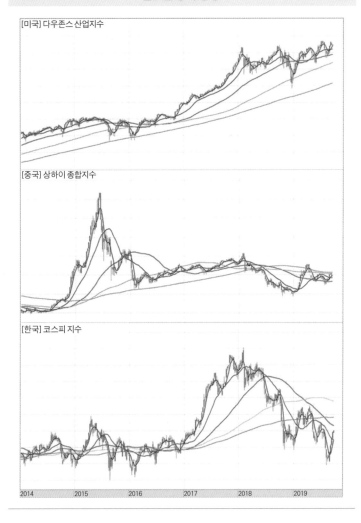

[미국] 다우존스 산업지수

[중국] 상하이 종합지수

[한국] 코스피 지수

2014   2015   2016   2017   2018   2019

투자의 미래

식을 늘리는 전략이 효과적이라 본다. 투자에 많은 시간을 할애하기 어려운 사람이나 초보 투자자는 해외 ETF에 관심을 가지면 좋겠다. 중국과 미국, 유럽 등 글로벌 증시가 한국 증시보다 회복이 더 빠르고 상승 폭과 수익률이 더 높을 것이기 때문이다.

안정적인 측면을 더 크게 고려한다면 국내 증시의 비중을 높이는 것도 괜찮다. 하지만 기대 수익률은 높지 않을 것이다. 글로벌 증시의 2020~2021년 바닥 구간에서 해외 주식 시장에 들어간다면 향후 3~5년을 예측했을 때 은행 금리 10배 이상의 수익을 기대할 수 있다. 중국 증시는 IMF 외환위기 이후 급성장했던 한국의 코스피 지수와 비슷한 흐름을 보일 것으로 전망된다.

2019년 후반부터 2020년 초반까지 위기가 시작될 때, 투자 성향이 공격적인 사람들은 주가 지수 하락에서 수익이 날 수 있는 인버스 ETF 등을 1년 내외 단기적으로 고려하는 것도 나쁘지 않다. 단, 위험성이 있으므로 안정 성향의 투자자에게는 권하고 싶지 않다.

전략적 포트폴리오 구성

천편일률적으로 적용되는 이상적 포트폴리오는 존재하지 않는다. 각자의 나이, 가용 현금, 투자 성향, 라이프스타일, 장기 계획 등이 모두 다르기 때문에 "이것이 바람직하다"고 잘라 말할 수 없다.

그렇지만 폭넓게 적용될 만한 전략 한 가지를 제안해보겠다. 이 책을 읽는 독자들에게는 2019년 하반기 이후 글로벌 경제 침체가 진행되는 시기에 정액 적립식의 원칙을 가지고 최소한 1년 6개월에서 3년 정도 꾸준히 투자하기를 권한다. 목돈도 정액 적립식으로 분할 투자하는 것을 추천한다.

투자 상품의 구성은 중국 상하이 종합지수 ETF나 펀드 60%, 미국 S&P 500 지수 ETF나 펀드 20%, 코스피 지수 ETF나 펀드 10%, 코스닥 지수 ETF나 펀드 10%로 구성해 분산 투자하면 세계 경제위기 후 높은 수익을 실현하는 데 유리하리라 판단한다. 2019년 하반기 초에 투자를 빨리 시작하는 투자자라면 여기에 금 ETF를 추가하는 것도 효과적일 것이다.

2장

위기를 기회로 바꾸는 투자 패러다임

김영익 경제 침체기나 위기 국면에서는 어떤 투자 전략을 갖는 게 가장 효과적일까요?

강흥보 저의 그동안 경험과 분석을 통해볼 때 현명한 투자자는 위기 때 실력을 발휘했습니다. 지금 우리나라 경제는 활력이 떨어지고 주가도 침체하고 있습니다. 부동산 시장의 전망도 어둡습니다. 하지만 한국 주식 시장은 위기를 겪은 후 반등할 가능성이 크다고 봅니다. 장기적인 시야를 가지고 조금씩이라도 투자하는 지혜가 필요합니다. ETF 같은 간접 투자도 추천 드립니다.

구조적 저성장의
늪에 빠진 한국 경제

비관적 경제지표

2019년 한국 경제는 비관적인 흐름으로 가고 있다. 그동안 부정적인 전망을 한다는 비판을 받아왔는데, 실제 한국 경제의 지표는 예측한 것보다 훨씬 더 나빴다.

2019년 1/4분기 한국 경제는 전 분기에 비해 마이너스 성장률을 기록하며 충격에 빠졌다. −0.4% 성장률이었다. 2/4분기에는 1.0% 성장했다. 그러나 성장 기여도를 보면 민간 부문은 −0.2%포인트였고, 정부 부문이 1.2%포인트였다. 정부가 적극적으로 재정지출을

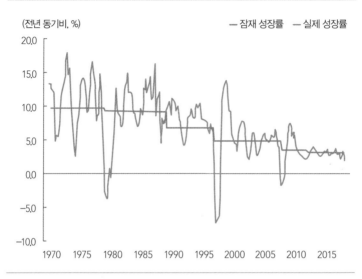

잠재 성장률 3% 수준으로 하락

(전년 동기비, %)   — 잠재 성장률 — 실제 성장률

자료 : 한국은행

늘리지 않았다면, 2분기에도 마이너스 성장이라는 의미다. 2019년
전체로 봤을 때 2% 내외의 성장률을 기록할 것이다. 2020년도
2019년과 크게 다르지 않을 것으로 보인다.

현재 한국의 잠재 성장률은 3%를 다소 밑돌고 있는 것으로 추정
된다. 그런데 시간이 흐를수록 노동이 감소하고 자본 증가세가 둔
화되는 데다가 생산성은 크게 변하지 않으면서 성장률이 더 낮아질
전망이다. 1%대 성장률을 기록할 시기가 얼마 남지 않은 것 같다.

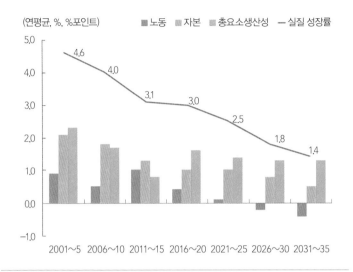

투입 요소별 경제 성장률 기여도

(연평균, %, %포인트) ■ 노동 ■ 자본 ■ 총요소생산성 — 실질 성장률

자료 : KDI

금융 시장이 이러한 상황을 잘 반영하고 있다. 2019년 9월 현재 미국 10년 국채 수익률은 1.5% 안팎인데 한국의 10년 국채 수익률은 1.3% 정도다. 국채 수익률에는 미래의 경제 성장률과 물가가 반영되어 있다. 우리 금리가 미국 금리보다 낮다는 것은 앞으로 한국의 경제 성장률과 물가가 미국보다 낮아질 것으로 전망된다는 의미다.

몇 개 부분에서는 그런 조짐이 드러나고 있다. 연율로 계산하면 2019년 상반기 성장률이 미국은 2.6%였는데, 한국은 1.4%에 그쳤다. 같은 시기에 소비자물가는 미국이 1.6%, 한국은 0.6% 상승했다. 금융 시장이 예측한 대로 현실 경제의 부진이 나타났다.

수출 둔화

2019년 들어 한국 경제에서 가장 심각한 부분은 수출이다. OECD 경기 선행 지수가 떨어지면서 우리나라의 수출도 계속 감소하고 있다.

과거 우리나라 수출이 급격히 부진해졌던 시기는 글로벌 금융위기 때였다. 2009년 세계 경제가 마이너스 성장을 하면서 한국의 수출도 침체에 빠져 −13.8%의 증가율을 기록했다. 하지만 2009년 이후에는 중국 경제가 높은 성장을 하는 가운데 선진국 경제가 완만히 회복되면서 수출이 증가했다. 그러다 2015년 선진국과 아시아 신흥 시장의 경제 성장 둔화로 수출이 감소했다. 이때 −8.0%의 증가율을 기록했다. 이어 2016년에도 수출 감소세가 지속되어 −5.9%를 기록했다. 2017년에는 세계 경제 회복으로 15.8% 증가했고, 그 추세가 2018년까지 이어져 5.4% 늘었다. 앞으로 수출 증가율이 둔화되거나 마이너스를 보일 가능성이 크다.

한국 수출의 구조적 문제는 반도체가 차지하는 비중이 지나치게

OECD 경기 선행 지수와 수출 증가율

— OECD 선행 지수(좌) — 한국 수출(우) (3개월 이동 평균, %)

높다는 것이다. 2018년 전체 수출에서 반도체의 비율은 20.9%에 이르렀다. 그것이 2019년 들어서는 8월까지 17% 수준으로 감소했다. 2018년 삼성전자 반도체 부문의 영업 이익률이 52%였는데, 이는 오래 지속될 정상적 상황이라고 보기 어렵다. 앞으로 정상을 찾아가는 과정에서 수출에서 차지하는 반도체 비중은 줄어들 것이다.

반도체 수출이 감소하면 다른 부분에서 증가해줘야 균형 있는 성장이 이뤄질 수 있는데, 유망한 분야가 없다. 자동차, 선박, 석유

주요 품목 수출 동향(2000~2019)

(억 달러, %)

구분	2000	2010	2015	2016	2017	2018	2019. 1. 1 ~8. 25
총수출	1,722.7	4,663.8	5,267.6	4,954.3	5,738.2	6,054.7	3,493.5
증가율	19.9	28.3	-8.0	-5.9	15.8	5.5	-9.7
반도체	260.1	507.	629.2	622.3	979.4	1,267.1	606.2
증가율	38.0	63.4	0.4	-1.1	57.4	29.4	-24.8
비중	15.1	10.9	11.9	12.6	17.1	20.9	17.4
컴퓨터	146.9	91.2	77.5	84.1	92.1	107.6	86.7
증가율	40.7	13.8	0.4	8.5	9.5	-22.6	-24.4
비중	8.5	2.0	1.5	1.7	1.6	2.8	2.5
무선통신기기	78.8	276.2	325.9	296.6	220.9	171.1	86.7
증가율	51.2	-10.9	10.2	-9.0	-25.5	-22.6	-24.4
비중	4.6	5.9	6.2	6.0	3.9	2.8	2.5
석유화학	96.7	357.2	377.9	361.6	446.8	500.6	281.3
증가율	33.4	30.0	-21.6	-4.3	23.5	12.0	-13.7
비중	5.6	7.7	7.2	7.3	7.8	8.3	9.1
자동차	132.2	354.1	457.9	406.4	416.9	409.0	273.9
증가율	18.3	39.4	-6.9	-11.3	3.8	-1.9	8.8
비중	7.7	7.6	8.7	8.2	7.3	6.8	7.8
선박	79.5	491.1	401.1	342.7	421.8	212.6	137.3
증가율	13.5	8.8	0.6	-14.5	23.1	-49.6	5.6
비중	4.6	10.5	7.6	6.9	7.4	3.5	3.9
철강제품	72.7	288.8	302.0	285.4	342.3	340.0	203.4
증가율	1.6	25.4	-15.0	-5.5	19.9	-0.6	-1.0
비중	4.2	6.2	5.7	5.8	6.0	5.6	5.8
섬유류	187.8	139.0	143.0	138.1	137.4	140.9	84.7
증가율	7.8	19.5	-10.2	-4.7	-0.5	2.5	-8.2
비중	10.9	3.0	2.7	2.8	2.4	2.3	2.4

자료 : 산업통상자원부

화학 등 주요 수출 산업 분야가 모두 부진하다.

한국 수출에서 중국이 차지하는 비율이 높은 것 역시 불균형을 낳고 있다. 2018년 한국은 전체 수출의 26.8%를 중국에서 기록했다. 이런 상황에서 중국 경제가 어려워지니 중국 수출이 감소(2019년 8월까지 −18%)하고 이는 전체 수출 부진으로 이어졌다.

한국은 반도체와 중국 대상의 수출이 증가해야 전체 수출을 늘릴 수 있는 구조인데, 단기적으로 그런 조짐이 전혀 보이지 않는다.

대부분의 지역에서 수출이 줄었는데 미국으로의 수출은 2019년 8월까지 4% 증가했다. 그동안 미국 경제가 호황이었기 때문이다. 그런데 앞으로 미국 경제가 나빠지면 그나마 괜찮던 부분까지 잃고 수출 부진의 나락으로 빠질 가능성이 크다.

전체적인 환경과 여건을 종합해볼 때 수출 증가율이 마이너스로 돌아설 위험성이 커 보인다.

한국 경제를 전체적으로 조망할 때 가계가 부실해져 소비가 줄고 기업 심리가 상당히 악화되었다. 기업이 좀처럼 투자하려 하지 않는다. 소비와 투자가 줄어드는데 수출마저 감소하니 경제 성장률이 떨어지는 것은 당연한 일이다.

지역별 수출 동향(2000~2019)

(억 달러, %)

구분	2000	2010	2015	2016	2017	2018	2019. 1. 1 ~8. 25
총수출	1,722.7	4,663.8	5,267.6	4,954.3	5,736.9	6,054.7	3,493.6
증가율	19.9	28.3	−8.0	−5.9	15.8	5.5	−9.7
중국	184.5	1,168.4	1,371.2	1,244.3	1,421.2	1,622.4	470.5
수출증가율	34.9	34.8	−5.6	−9.3	14.2	14.2	4.4
비중	10.7	25.1	26.0	25.1	24.8	26.8	13.5
미국	376.1	498.2	698.3	664.6	686.1	727.5	470.5
수출증가율	27.6	32.3	−0.6	−4.8	3.2	6.0	4.4
비중	21.8	10.7	13.3	13.4	12.0	12.0	13.5
EU	234.2	535.1	480.8	466.1	540.4	576.7	347.5
수출증가율	15.7	14.8	−7.8	−3.0	15.9	6.7	−4.8
비중	13.6	11.5	9.1	9.4	9.4	9.5	9.9
아세안	201.3	532.0	748.2	745.2	952.5	1,002.8	619.0
수출증가율	13.7	29.8	−11.5	−0.4	27.8	5.3	−2.8
비중	11.7	11.4	14.2	15.0	16.6	16.6	17.7
일본	204.7	281.8	255.8	243.6	268.2	306.3	184.3
수출증가율	29.0	29.4	−20.5	−4.8	10.1	14.2	−5.8
비중	11.9	6.0	4.9	4.9	4.7	5.1	5.3
중동	75.9	283.7	304.1	262.3	243.8	216.4	109.0
수출증가율	18.6	18.0	−12.6	−13.8	−7.0	−11.3	−27.5
비중	4.4	6.1	5.8	5.3	4.2	3.6	3.1
중남미	93.7	361.3	306.8	254.4	280.9	278.0	174.9
수출증가율	8.4	35.2	−14.5	−17.1	10.4	−1.1	−4.4
비중	5.4	7.7	5.8	5.1	4.9	4.6	5.0

자료 : 산업통상자원부

투자의 미래

금리 하락세

한국의 금리가 장기적으로 계속 떨어지고 있다. 금리가 가장 많이 떨어지는 분야가 주택담보대출이다. 기업이 돈을 빌려 쓰지 않으니 은행은 주택을 담보로 개인에게 돈을 빌려주려 하는 경향이 생긴 것이다.

앞으로 금리는 더 떨어질 가능성이 크다. 우선 시장금리에는 미래에 기대되는 경제 성장률과 물가 상승률이 포함되어 있다. 현재 한국 경제의 잠재 성장률은 2.7% 정도로 추정되는데, 잠재 성장을 결정하는 요인을 고려하면 경제 성장률이 더 낮아질 가능성이 크다. 2017년부터 생산가능 인구(15~64세)가 줄어들기 시작했으며, 우리 기업들이 상당히 높은 수준의 자본을 축적한 상태이므로 투자 증가율도 점차 둔화될 전망이다. 잠재 성장률을 결정하는 남은 하나가 총요소생산성인데, 이 역시 하루아침에 향상되는 것은 아니다. 잠재 성장률은 10년 이내에 1%대로 떨어질 전망이다.

시장금리를 결정하는 물가 상승률도 둔화되고 있다. 2016~2018년 소비자물가 상승률이 평균 1.5% 상승했는데, 이는 한국은행이 물가 안정 목표로 내세운 2%보다 낮은 수치다. 특히 2019년 8월 소비자물가가 1965년 이후 처음으로 하락(-0.04%)했고, 9월에는

금리 하락 추세 – 은행 가중 평균 금리

— 은행대출금리 — 은행예금금리

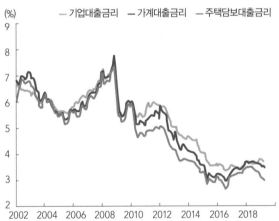

— 기업대출금리 — 가계대출금리 — 주택담보대출금리

자료 : 한국은행

투자의 미래

−0.43%로 하락 폭이 커졌다. 국민 경제의 총체적 물가 수준을 나타내는 GDP 디플레이터는 2018년 4분기부터 2019년 2분기까지 3분기 연속 하락했다. 다가올 디플레이션 시대를 예고해주고 있는 것으로 보인다.

다음으로 자금이 남아돌면서 금리 하락에 크게 기여하고 있다. 국민 경제 전체적으로 보면 국내총투자율은 자금 수요이고 총저축률은 자금의 공급이다. 1997년 외환위기 이전에는 투자율이 저축률보다 높아 우리 경제가 자금이 부족한 국가였다. 그래서 금리가 높은 수준을 유지했다.

그러나 위기를 겪으면서 기업의 투자가 상대적으로 줄었고, 1998년부터는 총저축률이 국내총투자율보다 높아지기 시작했다. 1988~2018년 연평균 저축률이 34.4%로 투자율(31.2%)보다 3.2%포인트 높았다. 그만큼 자금의 공급이 수요보다 많아서 금리가 낮은 수준을 유지할 수밖에 없었던 것이다. 'IMF 위기 전에는 기업이 대출을 요구할 때 목에 힘을 줬는데, 요즘은 기업에 우리 은행 돈 좀 써달라고 고개를 숙인다'는 은행 지점장들의 말이 결코 공허하게 들리지 않는다. 한국은행의 자금순환계정에 따르면 2019년 3월 말 현재 우리 기업들이 627조 원에 이르는 현금성 자산이 있는데, 그 자금을 어떤 금융 상품에 맡겨야 하는지 고민하고 있다.

마지막으로 은행 등 금융회사들이 채권을 사들이면서 금리가 더 하락할 가능성이 높다. 돈이 들어오면 은행은 그 자금을 대출과 유가증권 투자로 운용한다. 은행의 대출은 가계대출과 기업대출로 나눠진다. 가계는 은행 등 금융회사나 금융 시장에 맡긴 돈이 빌려 쓴 돈보다 많은 자금 잉여 주체다. 한국은행 자금순환계정을 보면 개인부문의 자금 잉여가 2015년 94조 원을 정점으로 줄어들고 있지만(2017년 51조 원, 2018년 49조 원), 개인은 여전히 자금 잉여 주체로 역할을 하고 있다.

가계와 달리 기업은 자금 부족 주체다. 금융회사에서 빌린 돈(간접금융)과 주식 및 채권을 통해 조달한 자금(직접금융)이 이들에 저축한 것보다 더 많다는 의미다. 그런데 기업이 가계처럼 자금 잉여 주체로 전환될 조짐이 나타나고 있다. 명목 GDP에서 기업의 자금 부족액이 차지하는 비중이 2008년 4분기에 9.1%(4분기 이동평균)였으나, 2018년에는 2.3%로 줄었다. 이런 추세라면 앞으로 2~3년 이내에 기업이 자금 잉여 주체로 전환될 가능성이 크다.

가계에 이어 기업이 자금 잉여 주체로 전환하면 은행은 여유 자금으로 유가증권 투자를 늘릴 수밖에 없다. 보수적인 은행이 주식보다는 채권을 사게 될 것이다. 일본의 사례를 보면, 우리가 어디로 가고 있는지를 짐작해볼 수 있다. 일본 기업이 1998년부터 자금 잉

투자의 미래

여 주체로 돌아섰다. 가계에 이어 기업도 저축하자 은행은 유가증권 특히 채권 투자를 늘렸다. 1998년 은행 자산에서 채권이 차지하는 비중이 12.6%였으나 2011년에는 32.4%까지 올라갔다. 낮은 경제 성장률과 더불어 은행의 대규모 채권 매수는 시장금리가 0%까지 떨어지는 데 크게 기여했다. 금리 하락은 보험회사의 역마진 확대를 초래해 구조조정을 촉진시켰다. 당시 '은행이 보험사를 망하게 만들었다'라는 말이 나올 정도였는데, 근본 원인은 기업이 자금 잉여 주체로 전환한 데 있었다. 최근 국내 한 금융그룹 회장이 '은행의 경쟁력은 대출이 아니라 자기 자산과 고객 자산을 얼마나 잘 운용하는가에 달려 있다'고 했는데, 한국에서도 1998년 이후의 일본과 유사한 상황이 오고 있는 것이다.

한국은행의 기준 금리(2019년 8월 현재 1.50%)도 더 낮아질 가능성이 높다. 2019년 8월 국고채(3년) 수익률이 1.1%까지 떨어졌는데, 이는 '기준 금리 0%대' 시대를 예고하는 전주곡이다. 2000년 이후 기준 금리가 국고채 수익률보다 평균 0.8% 정도 낮았다.

주식 시장 조정 국면 지속

이론적 주가는 배당금을 금리와 기업 이익 증가율로 할인하는

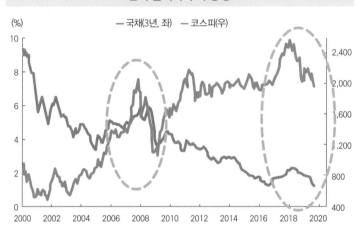

한국 금리와 주가 동행

(%) — 국채(3년, 좌) — 코스피(우)

자료 : KRX

것이다(주가 = 배당금/(1+금리−기업 이익 증가율). 이 식에서 볼 수 있는

것처럼 금리가 하락하면 주가는 상승한다.

그러나 1990년 이후의 일본 사례를 보면 금리와 주가는 오히려

같은 방향으로 움직였다. 금리 하락 폭보다 주가를 결정하는 또 다

른 요인인 기업 이익 증가율 감소 폭이 더 크면, 금리와 주가가 같이

떨어진다. 주가를 결정하는 요소로 금리보다 경기가 더 중요하다는

의미다. 일본에서 경기가 회복되면 주가와 금리가 같이 상승하고,

반대로 경기가 위축되면 주가와 금리가 동반 하락했다(1990. 1~2019.

일평균 수출과 코스피 지수의 상관관계 높아

(1980. 1. 4=100)　— 코스피(좌)　— 일평균 수출(우)　(억 달러)

8, 상관계수 0.55). 최근 한국의 증권 시장에서도 금리와 주가의 상관계수가 0.81(2016. 1~2019. 8)로 매우 높아 유사한 모습이 나타나고 있다. 앞으로 '금리가 올라야 주가도 상승한다'라는 말이 나올 것이다.

　한국 주가를 분석할 때 일평균 수출은 매우 중요한 데이터다. 주가와 상관계수가 높은 경제 변수를 찾아봤지만, 일평균 수출만 한 것을 발견하기 어려웠다. 2005년 1월부터 2019년 5월까지 데이터로 분석해보면 일평균 수출금액과 코스피 지수 상관계수는 0.88로 매우 높았다. 수출과 주가가 한 방향으로 움직인다고 생각하면 된다.

2011년부터 2016년까지 주가가 제자리걸음을 하고 있을 때 수출도 정체되어 있었다. 2017년에 주가가 급상승했을 때는 반도체 수출이 매우 좋았다.

앞으로 우리나라의 수출이 증가세를 기록하지 못하고 일평균 20억 달러 안팎을 지루하게 오가리라 보인다. 수출과 높은 상관계수를 갖는 주가 역시 큰 변동을 나타내지 못할 것이다. 물론 변수에 따라 단기 급락이 생길 수 있다. 중기적으로는 지루한 모습을 나타낼 가능성이 크다.

하지만 중국의 구조조정이 마무리되고 미국을 중심으로 선진국 경제가 회복하는 시점에서 한국 경제가 다시 활기를 찾으면 주가는 침체와 하락을 딛고 다시 도약하는 국면을 맞이할 수도 있다.

한국 증시 투자 포인트

2019년 한국 증시는 투자자에게 답답한 모습을 보였다. 글로벌 증시가 활기를 띤 상황에서도 하락세를 보였다. 2019년 상반기에는 한국 주가가 인도네시아 다음으로 부진했다. 2019년 하반기에도 일본과의 관계 악화 등의 변수로 주가가 급락한 상태다.

미국 등 선진국 경제 사정이 나빠지고 중국이 구조조정에 들어가면 한국 기업의 수출이 더 침체되고 경제 성장률이 부진에 빠져 경제위기 상황을 겪을 것이다.

이때는 주가가 크게 하락하며 충격을 줄 가능성이 크다. 2019년 하반기부터 2020년 상반기 사이에 급락장을 맞이하리라 예측된다.

코스피는 1,500선을 깨고 1,300포인트 전후까지도 하락할 수 있으며, 코스닥은 300~400선에서 진바닥을 형성할 가능성이 있다.

코스피 시장 흐름과 전망

코스피 지수는 자체적인 흐름을 형성하기보다 대외 변수에 영향을 받으면서 차트를 형성하고 거기에 각 기업의 실적에 따른 움직임이 쌓이면서 만들어진다. 그리고 지정학 리스크와 크고 작은 이슈, 이벤트도 빼놓을 수 없다. 이러한 것들이 모두 반영되어 코스피 지수의 현재 모습을 이루고 있다.

2019년 하반기에는 한일 무역 분쟁이라는 이슈가 발생했다. 이것이 단기적인 악재로 시장에 고스란히 녹아 있다. 2019년 코스피 지수는 저점 대비 반등할 때 외국인의 수급보다는 기관, 특히 연기금의 수급이 주가를 올렸다. 탄탄한 외국인 수급이 아닌 다소 불안한 수급 주체가 들어오면서 코스피 지수의 단기적인 상승 또한 불안한 모습을 보였다.

코스피 지수는 2020년 상반기를 맞이하면서 글로벌 지수의 급락보다 선행해 하락할 가능성이 크다. 그리고 한국 증시는 다우 지수의 흐름을 피해갈 수 없다. 그 흐름과 맞물려 고점 대비 큰 폭의 하

코스피 지수

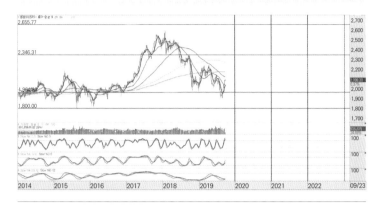

락은 불가피하다.

차트를 보면 2019년 후반부터 코스피 지수는 2,000포인트를 위협하면서 2020년 상반기에는 1,500포인트도 이탈해 1,200포인트 구간까지 큰 하락 변동성을 보일 가능성도 있다. 이 구간이 코스피 지수의 진바닥으로 보고 있다.

그 후 2021년 전에는 바닥을 다지는 모습을 보이고 몇 년간 저점을 높이며 상승할 것으로 기대한다. 이 예상은 100% 추세에 의한 기술적 분석으로 지수 라인이 정확하게 일치하지 않는다 하더라도 전체적인 흐름은 불가피하다고 보고 있다. 투자에 참고하면 좋겠다.

코스닥 시장 흐름과 전망

개인 투자자들이 좋아하는 코스닥 증시 흐름도 코스피와 같은 흐름을 보여줄 것으로 보인다. 2018년 상반기에 코스닥 증시는 932.01포인트까지 상승하는 강한 추세를 보여줬다. 그 후 시총 상위 종목인 바이오주를 선두로 고점 대비 40% 넘게 하락했다. 주요 원인은 셀트리온이다. 2019년 10월 현재 증시에서도 바이오주가 코스닥을 쥐락펴락하는 상태다.

코스닥 증시는 개인 수급에 의해서 순환매 장세도 펼쳐지기는 하지만 일반 개미 투자자들이 투자하기에는 변동성이 매우 크다고 할 수 있다.

코스닥 증시는 추후 엄청난 기회가 올 수도 있기 때문에 차트에서 언급한 지수 라인들에서 적극적으로 시총 상위 종목 위주로 포트폴리오를 구성하면 큰 수익을 기대할 수 있다.

기본적 분석과 실적에 따른 분석이 아닌 추세와 파동 에너지에 따른 하락 구간을 제시했다. 2018년 코스닥 지수는 938포인트를 시작으로 아래로 내려오는 추세 라인이 2020~2021년 구간까지 하락 추세를 이어갈 것으로 보인다. 이 구간에서 코스닥은 2009년부터 2014년 말까지 오랫동안 만들었던 박스 하단부를 다시 한번 확인할

코스닥 지수

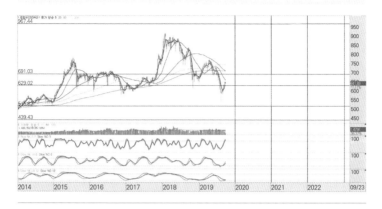

것이다. 물론 이렇게 기술적 분석을 하면서도 그런 일이 생기지 않기를 바라는 마음이 간절하다.

그러나 하락 추세는 불가피해 보인다. 코스닥 증시는 2020년 상반기에 400~500포인트에서 지수 라인을 확인한 후, 2021년을 지나 2022년까지 박스 패턴을 만들고 우상향할 것으로 보고 있다. 단, 추가적인 하락 추세가 이어질 수 있으므로 400포인트 이탈 가능성도 열어 둔 상태에서 코스닥 지수를 지켜보는 것을 권한다. 개인 투자자들에게 코스닥 증시에 투자할 수 있는 더없이 좋은 기회가 올 수 있다. 2022년 후반기에는 코스닥이 950포인트를 넘어 1,000포인트를 향하는 모습도 기대된다.

국내 증시 투자 전략

국내 투자와 관련해 독자 여러분에게 도움이 될 만한 포인트 하나를 짚어주고 시작하겠다. 삼성전자가 3만 원대로 하락하면 매월 적금을 붓듯이 꾸준히 삼성전자 주식을 매수하기를 추천한다. 일시적으로 급락해 2만 원 후반대가 되더라도 흔들림 없이 투자하는 게 바람직하다. 그러면 앞으로 5년 동안 큰 기회를 잡게 될 가능성이 크다.

한국의 증시 흐름은 매우 좋지 않다. 문제는 경제지표들이 나쁘다는 것이다. 한국 증시는 앞으로 더 부정적으로 흐를 가능성이 크다. 코스피 지수 기준으로 1,500선을 뚫고 1,200선까지 하락할 수도 있다는 점을 고려하면서 주식 시장에 접근하는 게 바람직하겠다. 1,300선까지 하락했다가 2,500~3,000포인트까지 오르는 흐름을 예상한다.

2019년 말부터 시작되는 주가 하락기는 2008년 금융위기 때보다 더 좋지 않은 흐름을 보일 가능성이 크다. 따라서 시장이 극도로 침체된 시기에는 일반 투자자들 입장에서는 시장을 피해가는 게 원칙

직으로 옳다. 그러나 최근에는 대체 투자로 안전 자산에 투자할 수 있는 상품이 많다. 금 ETF 등을 눈여겨볼 수도 있다.

경제와 투자를 충분히 공부하면서 기회를 엿보되 코스피 지수가 바닥을 찍고 저점보다 5% 상승하는 구간부터 분할 매수하기를 추천한다. 이 시기는 2020년 상반기 이후가 될 것이다.

코스피 지수 기준으로 보면 1,850포인트 즈음일 때 정액 적립식으로 분할 매수를 권한다. 3년 기간을 두고 분산 투자를 하는 것이 효과적이다. 그러나 바닥을 확인하고 싶은 분들은 1,800포인트를 이탈했다가 다시 1,800포인트로 올라오는 흐름에 투자하는 전략을 선택하면 좋겠다. 글로벌 증시 흐름과 맞물려 이 시기가 펼쳐질 것이다.

하지만 저점이 어딘지를 정확히 예측하고 반드시 그 지점에서 매수하겠다는 생각을 버리는 게 현명한 투자 전략이다. 그보다는 저점보다 5% 상승한 지점을 노리는 것이 바람직하겠다. 예를 들어 다우 지수가 저점에서 5% 상승했고 코스피 지수도 저점에서 5% 상승했다는 데이터가 나온다면 이때 적절한 투자를 선택하면 된다. 종목 선택에 자신이 있다면 직접 투자도 괜찮고 주가 지수를 추종하는 펀드도 선택할 수 있다.

이것이 큰 하락을 대비한 뒤에, 또 그 이후의 반등을 기대하는 시점에서 일반 투자자가 선택할 수 있는 현실적인 전략이라고 생각한다. 이와 함께 금 투자를 포트폴리오에 포함하는 것을 권한다.

2019년 하반기 코스피 지수가 1,900 이상인 시점까지는 주가 지수 인버스 투자를 하는 것은 공격적인 투자자에게 단기적으로 적절한 전략이다. 하지만 1,800포인트 수준이라면 인버스보다는 좀 더 기다렸다가 오르는 쪽에 투자하는 게 더 낫다. 코스피 지수는 고점 2,600에서 상당히 하락한 상태이므로 추가 하락 여지가 크지 않기 때문이다. 2020년을 넘어서는 시기는 앞서 언급한 대로 코스피 지수의 바닥 구간으로, 1200~1300포인트 구간을 염두하면서 시장을 바라봐야 한다는 것을 잊지 말기 바란다.

투자의 미래

배당형 투자로
수익성을 높여라

한국 기업의 낮은 배당 성향

　삼성전자 보유 현금이 100조 원에 달하는 시대가 왔다. 한국은행의 자금순환계정에 따르면 2018년 말 기준 한국 기업의 현금성 자산은 627조 원이다. 그 20% 정도를 삼성전자가 가지고 있다. 기업들이 돈을 많이 보유하고 있으니 주주 배당을 늘려야 하는 것은 당연한 이치다. 기업 배당의 정상화 과정이고 기업 소득을 가계 소득으로 이전시키려는 정부 정책에도 부응한다.

　삼성전자가 2018년부터 3년간 배당금을 매년 9조 6,000억 원씩

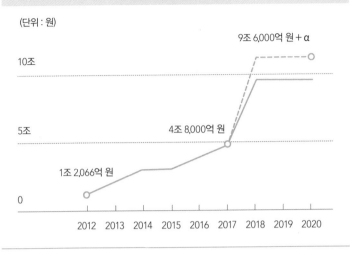

삼성전자 현금 배당 추이

(단위 : 원)

9조 6,000억 원 + α

10조

5조   4조 8,000억 원

1조 2,066억 원

0

2012 2013 2014 2015 2016 2017 2018 2019 2020

자료 : 삼성전자

주기로 했다. 매우 큰 금액으로 보이지만 배당 성향을 파악해보면 그렇게 높지 않다. 배당 성향이란 기업의 순이익 가운데 주주에게 현금으로 얼마나 주는가에 대한 비율이다. 삼성전자가 매년 9조 6,000억 원씩 배당금을 준다고 했을 때 배당 성향은 20% 정도로 추정된다. 100원의 순이익을 내면 18~20원을 주주에게 나눠주겠다는 것이다. 이는 다른 글로벌 기업은 물론 국내 기업과 비교해도 상대적으로 낮다.

삼성전자뿐 아니라 한국 기업의 배당 성향은 전 세계 기준에서 낮다. 2017년 기준 한국 기업의 배당 성향의 평균은 22%였다. 같은 시기 중국 기업의 배당 성향은 32%, 미국은 48%였다.

PER이 10배 내외에서 움직이고 있는 한국 기업의 주가가 왜 저평가되었는지를 분석할 때 낮은 배당 성향이 중요한 이유로 거론된다. 배당금 증가는 주가 상승 요인으로도 작용한다. 주가의 상승은 배당금 증가, 금리 하락, 기업 이익 증가 등의 영향을 받는다. 따라서 금리나 기업 이익 증가율이 일정하다면 배당금이 올라가는 데 비례해 주가가 상승한다. 그런데 한국 기업들이 배당을 덜 주기 때문에 주가가 저평가되는 현상이 나타났다는 평가다.

배당 증가 추세

그런데 한국 기업이 배당을 더 줄 수밖에 없는 환경이 조성되고 있다. 기업 소득의 일부를 가계 소득으로 이전하는 정책의 영향이 크다. 국민소득이 생기면 가계, 기업, 정부에 배분된다. 1997년 IMF 외환위기 이전에는 국민소득의 71%가 가계 몫이었는데 62%로 줄었다. 같은 기간 기업의 몫은 17%에서 25%로 늘었다. 국내외 경제 위기를 겪으면서 국민소득 중 가계 비중은 줄고 기업의 몫은 늘어난 것이다. 기업은 부를 늘렸는데 가계는 더 가난해졌다.

이런 불균형을 해결하기 위해 기업 소득의 가계 소득으로의 일부 이전을 추진하고 있다. 대표적으로 '기업소득환류세제'가 있다. 이 제도는 기업이 한 해 이익의 80% 이상을 임금 인상, 투자, 배당에 쓰지 않으면 법인세를 추가 징수하는 제도다.

한국 기업은 수익이 높아져도 좀처럼 임금을 올리지 않는다. 임금의 '하방경직성'이 강하기 때문이다. 미국은 경기가 좋을 때 급여를 올리고 나쁠 때는 내리는 경향을 보인다. 이것을 근로자들이 자연스럽게 받아들인다. 그러나 우리나라에서는 임금을 한 번 올린 뒤에 다시 내리는 것을 받아들이지 못한다. 이런 경향은 경영자들이 임금 상승을 주저하는 주된 이유가 된다.

투자에도 소극적이다. 한국 기업이 627조 원이나 되는 현금성 자산을 보유하게 된 이유는 그만큼 투자와 고용을 늘리지 않았기 때문이다. 2018~2019년 기업의 설비 투자는 매우 부진했다. 기업들은 미래 전망이 불확실해 투자처를 찾지 못한 채 현금을 보유하고 있다.

임금 인상과 투자에 소극적인 기업이 소득환류세제를 피하려면 배당을 늘릴 수밖에 없다. 한국 기업의 배당 성향이 높아지고 있다. 현대차그룹의 배당 성향은 2017년에 29%였는데 2018년에는 70% 수준에 육박했다. 물론 이 수치는 이익이 줄었기 때문이기도 하다.

간접 투자도 이상적

한국 주식 시장은 거의 7년 가까이 정체 상태다. 주식 투자로 인한 수익이 낮아졌다. 그래서 일부에서는 주식 투자 기피 현상도 생겼다. 하지만 앞으로 한국 기업의 배당이 증가하면서 주식 투자로의 유인책이 될 것으로 보인다. 그래서 일부 외국계 증권사는 한국 기업들의 배당 성향이 늘면서 한국 주식 시장이 한 단계 도약할 것이라는 낙관적 전망을 내놓았다. 배당 투자는 효과적인 투자 방법이다. 사회적으로도 기업 소득 일부분을 가계 소득으로 전환하는 의미가 있다. 이렇게 가계 소득이 늘면 소비도 증가하고 자연스럽게 기업 이익이 더 늘어나는 선순환도 기대할 수 있다.

하지만 현재 배당을 많이 주는 회사 주식을 주로 외국인이 보유하고 있다. 삼성전자의 외국인 지분은 50% 이상이고 한국인 개인 지분은 3% 내외에 지나지 않는다. 매년 삼성전자 배당금 중 5조 원 이상이 해외로 나갈 것이다. 한국은행의 국제수지 통계를 보면 2017년 배당소득 적자가 50억 2,000만 달러(약 5조 7,000억 원)로 2016년 18억 9,000만 달러(약 2조 2,000억 원)에 비해 크게 확대되었다.

한국 가계 자산 중 주식 비중이 계속 줄고 있다. 미국은 가계 자산의 약 36%(2018년 3월 기준)가 주식에 투자돼 있다. 우리나라는 주식에 대한 직접 투자와 간접 투자를 통틀어 17%다. 이런 이유로 우리나라 가계는 기업의 배당 증가에 따른 이익을 공유하지 못하고 있다.

배당 증가의 혜택을 누리려면 우리 사회의 배당 투자가 훨씬 더 늘어나야 한다. 일부 한국 기업들은 중간 배당도 한다. 현대차, 삼성전자, 포스코 등은 분기 배당을 하고 있다. 어떤 투자자는 배당주 투자를 매우 좋아하는데, 배당을 받으면 그 돈을 주가 시세와 관계없이 재투자했다. 이것을 20년 가까이 반복하면서 엄청난 부를 쌓았다. 매우 현명한 투자 전략이다. 물론 좋은 기업을 선택한 덕분에 가능한 일이었다. 배당 투자의 이익을 높이려면 신중하게 접근해야 한다. 주가가 하락하거나 기업이 망하면 배당을 받아도 결국 손해이기 때문이다.

배당 성향이 높은 기업 가운데 일부는 불확실성이 커서 배당주 투자를 꺼리는 투자자도 있다. 반드시 배당 성향이 강한 기업의 주식을 사야만 하는 것은 아니다. 배당형 펀드나 배당형 ETF 같은 간접 투자 상품도 있다.

저금리 시대의 투자 대안

배당형 투자에 대한 낮은 관심은 한국인들이 아직 저금리에 덜

투자의 미래

KBSTAR 고배당 vs. ARIRANG 고배당주(2017. 4. 14 ~ 2019. 4. 15)

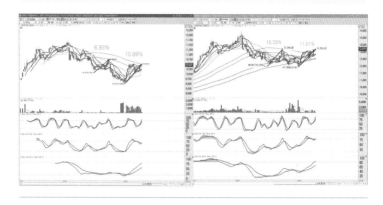

적응했다는 반증이기도 하다. 구조적인 저금리 시대다. 물가, 잠재
성장률이 낮아지고 있으며 저축이 투자를 앞질러 자금의 공급이 수
요를 초과하는 상태다. 이런 상황에서 금리는 계속 낮아질 수밖에
없다. 일본처럼 0%까지 내려갈 수 있다.

　은행의 예금금리보다 배당 수익률이 훨씬 더 높아지는 시대가
눈앞에 와 있다. 반드시 배당주 투자를 해야 한다. 시중의 배당형
ETF를 분석해보면 그동안 코스피 지수보다 수익률이 더 높았다.
앞으로도 이런 경향은 계속될 것이다. 현재 배당형 ETF 총액은
500억 원 내외 수준이고 거래량도 미미하다. 적립식 등의 방법으로
배당형 ETF에 조금씩이라도 투자하기를 추천한다.

비교적 활발히 거래되는 배당형 ETF의 사례를 보자. 'KBSTAR 고배당'과 'ARIRANG 고배당주'의 2017년 4월 14일부터 2019년 4월 15일까지의 흐름이다. 코스피 지수가 상승하면서 상승률이 각각 10.89%와 11.01%를 기록했다.

코스피 지수 투자와 함께 배당형 ETF에 분산 투자할 때 효과가 극대화될 수 있다. 물론 세계적 경제 침체와 주가 하락이 예측되는 2019년에 주식 시장에 들어가는 게 부담스러울 수 있지만, 적어도 6년 이상 앞을 내다본다면 꾸준히 적립식으로 투자할 때 큰 이익을 누릴 수 있을 것이다.

부동산 시장 변화와
투자 전략

한국 집값은 비싸다

우리나라는 집값의 부침이 크다. 집값은 국민의 삶과 직결되기에 정부가 주의를 기울인다. 급등을 경계하면서도 안정화시키는 것이 주목적이다. 하지만 집값은 정부 의도를 벗어나는 경우가 많다. 2019년에 접어들면서 서울 아파트 매매 건수가 최저를 기록했었다. 부동산 가격 하락을 예상했기 때문이다. 하지만 2019년 하반기 이후에는 거래가 일부 회복되었다. 상승에 대한 기대가 형성되기도 했다.

한국 집값의 PIR 지수(2008~2018)

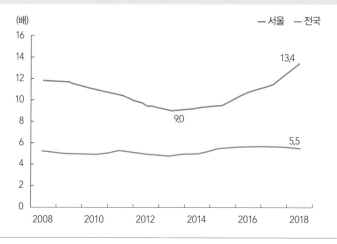

자료: KB국민은행

부동산 가격 하락기에는 매매 침체 현상이 나타난다. 집을 살 사람들은 집값이 더 내릴 것 같으니 기다리고 집을 팔 사람들은 과거 가격의 기억과 애착에 사로잡혀 쉽게 팔지 못한다. 이때는 전·월세 계약이 느는데도 매매 계약은 좀처럼 이뤄지지 않는다.

사람마다 미래 부동산 가격에 대한 기대가 천차만별이다. 먼저 우리나라의 집값이 비싼지 싼지부터 살펴보자. 여기에 PIR이라는 지표가 사용된다. PIR은 'Price to Income Ratio'의 약자다. '소득 대비 주택 가격 비율'로 번역할 수 있다. '주택 가격/연평균 소득'의 공

투자의 미래

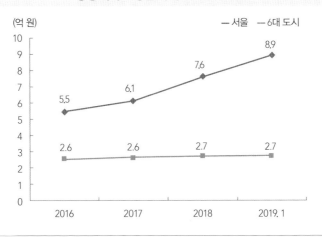

중형 아파트 평균 가격(2016~2019)

(억 원)　　　　　　　　　　　— 서울　— 6대 도시

	2016	2017	2018	2019. 1
서울	5.5	6.1	7.6	8.9
6대 도시	2.6	2.6	2.7	2.7

자료: KB국민은행

식으로 구하는데, 가구의 연평균 소득으로 주택을 사는 데 걸리는 시간을 측정한다. 예를 들어 PIR이 10이라면 10년 소득을 모두 모아야 대출 없이 집 한 채를 살 수 있다는 뜻이다.

　2018년 말 서울 집값의 평균 PIR은 13.4였고 전국 평균은 5.5였다. 전국 평균은 큰 변화가 없었는데, 서울의 경우 2013년 PIR이 9.0이었던 것에 비하면 심하게 상승했음을 알 수 있다. PIR 기준으로 한국의 집값은 홍콩보다 싸지만 도쿄와 런던, 뉴욕보다 더 비싸다는 비교 통계도 있다.

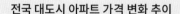

전국 대도시 아파트 가격 변화 추이

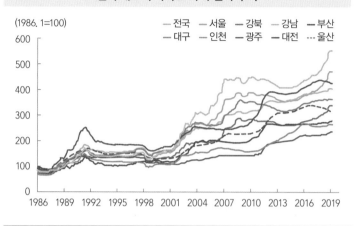

(1986. 1=100)

— 전국　— 서울　— 강북　— 강남　— 부산
— 대구　— 인천　— 광주　— 대전　… 울산

자료 : KB국민은행

　서울의 중형 아파트 평균 가격은 2019년 1월 기준 8억 9,000만 원
이다. 서울을 제외한 6대 도시 평균인 2억 7,000만 원의 3배에 육박
한다. 2009년 3월부터 2019년 2월 사이의 아파트값 상승률을 보면
대구가 68.1%로 1위이고, 부산이 65.8%로 2위, 광주가 64.2%로 3위
다. 서울은 26.1%에 그쳤다. 그런데 최근 2016년 12월에서 2019년
2월 사이 서울이 19.4% 올랐고 다른 지역은 제자리걸음이었다. 서울
과 지방 도시 간 아파트 가격 차이가 벌어진 셈이다.

　30년 이상의 도시 아파트 가격 추이를 살펴보면 흥미로운 사실을
발견할 수 있다. 가격이 급상승하는 구간을 지나면 10년 정도의 정

투자의 미래

체기를 맞이했다는 점이다. 2019년 초는 가격 급등 후 꺾여서 평평해지는 구간의 초기에 있다.

울산의 집값 상승세가 먼저 꺾였다는 점도 주목해봐야 한다. 이 것은 국내 제조업 부진과 영향이 깊은 것으로 보인다. 조선, 자동차, 석유화학 산업의 침체가 집값에도 영향을 주었다. 비슷한 맥락에서 현대중공업 조선 공장과 GM 공장이 철수한 군산 지역 집값도 상당히 하락했다. 이를 통해 제조업 상황이 집값에 영향을 준다는 사실을 알 수 있다.

장기적인 하락 추세로 접어들어

2019년 들어 집값 상승 추세가 꺾인 것이 일시적인 하락인지, 장기적 추세 하락의 시작인지에 대한 판단이 중요하다. 여러 지표를 종합해볼 때 추세가 하락으로 들어가는 초기라고 파악하는 게 합리적일 것이다.

주가 사이클이 이미 꺾였기 때문에 부동산 가격 하락은 불가피한 추세로 보인다. 여기에 더해 정부 정책이 하락 추세를 한층 더 강화할 것이다. 문재인 정부는 집값 하락에 대해 강력한 철학과 의지를 가진 것으로 보인다. 이런 정부 정책은 추세적 하락세와 맞물리면서

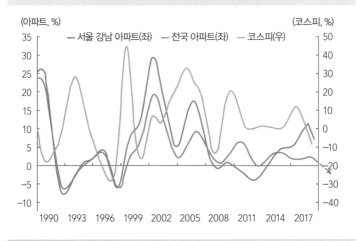

부동산 하락 전환 예상(2019~2020)

(아파트, %) (코스피, %)

— 서울 강남 아파트(좌) — 전국 아파트(좌) — 코스피(우)

35 30 25 20 15 10 5 0 −5 −10

50 40 30 20 10 0 −10 −20 −30 −40

1990 1993 1996 1999 2002 2005 2008 2011 2014 2017

*H-P 필터로 주택 가격의 장기 추이를 추정하고 이의 전년 동월비 변동률을 구한 것이다
자료 : KB국민은행

하락 폭을 더할 것이라 예측된다.

부동산 가격은 인구 구조와 결정적인 상관관계에 있다. 인구수뿐 아니라 고령화 정도도 깊은 영향을 끼친다. 한국 사회는 산업화를 거치면서 모든 것이 커지고 늘어나는 확장 사회였다. 하지만 이제는 수축 사회에 살아야 할 운명이다. 집값의 동향도 이런 맥락에서 파악하는 게 좋겠다.

일본의 경우를 살펴보면 35~55세 인구와 주택 가격 지수가 동행하는 경향을 보였다. 35~55세는 경제 활동을 활발히 하면서 혼인

투자의 미래

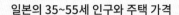

일본의 35~55세 인구와 주택 가격

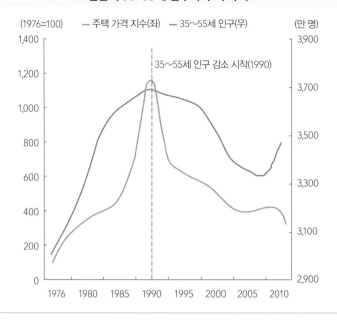

(1976=100)　— 주택 가격 지수(좌)　— 35~55세 인구(우)　(만 명)

35~55세 인구 감소 시작(1990)

자료 : 통계청, KB국민은행

과 출산으로 집을 늘려가는 시기다. 일본은 35~55세 인구가 정점에 도달했을 때 집값이 폭등했다. 그 후 35~55세 인구가 줄어들면서 집값이 폭락했다. 이런 경험을 하고 나서 일본인들은 집에 대한인식이 바뀌었다. 사두면 오르는 투자재가 아니라 거주하는 소비재라고 생각하게 된 것이다.

우리나라의 35~55세 인구는 2010년 무렵 정점을 찍고 감소하고

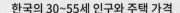

한국의 30~55세 인구와 주택 가격

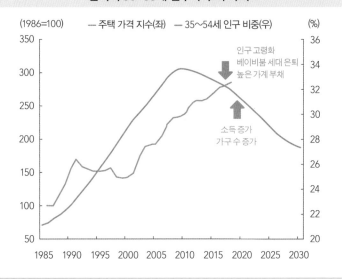

(1986=100) — 주택 가격 지수(좌) — 35~54세 인구 비중(우) (%)

인구 고령화
베이비붐 세대 은퇴
높은 가계 부채

소득 증가
가구 수 증가

자료 : 통계청, KB국민은행

있다. 일본처럼 진행되었다면 집값이 폭락했어야 할 시기가 지났다. 이는 평균 수명 증가로 시차가 생겼기 때문일 것이다. 시간이 지나면 일본처럼 부동산 가격 하락 추세를 맞이하리라 보인다.

1955~1963년에 출생한 715만 명의 1차 베이비붐 세대 문제도 심각하다. 1972~1992년 사이에 태어난 그들의 자녀 세대를 에코붐 세대라 하는데, 베이비붐 세대는 노후 준비가 되어 있지 않고, 에코붐 세대는 경제적 독립을 하지 못한 것이 한국의 암담한 현실이다. 거

투자의 미래

칠게 말해 베이비붐 세대는 아파트 한 채가 전 재산인데, 자녀 세대는 자기 앞가림을 하기도 힘들다. 이런 상황에서 장기적인 집값 상승에 대해 회의적으로 볼 수밖에 없다.

고령화와 인구 감소로 인한 장기 추세적인 하락세, 급등 후 10년 가까이 정체되었던 과거 집값의 움직임 등을 종합해볼 때 한국의 부동산 가격 하락과 정체는 꽤 오래가리라 예측한다.

주가 하락기에는 실물 자산인 부동산으로 향하는 사람들이 있어 일시적으로 반등하는 경향도 있다. 하지만 앞으로의 경제 침체기 동안 부동산 가격 역시 글로벌 증시의 하락 및 국내 증시의 추가적인 하락과 동조화 현상을 보일 가능성이 크다. 한마디로 부동산 가격의 하락은 불가피하다.

서울 강남 지역, 예외가 될 것인가?

강남 부동산, 특히 집값은 한국 부동산 시장에서도 매우 특별한 부분이다. 이는 한국인 특유의 높은 교육열과 관련이 깊다. 자녀 교육을 위해 강남에 거주하고 싶어 하는 수도권 인구는 1,500만 명 정도다. 대기 수요가 있다는 이야기다. 그래서 강남 지역은 경제가 전반적으로 침체되고 부동산 가격이 하락하더라도 그 영향을 덜 받

을 가능성이 크다. 물론 단기적으로 급락이 일어날 수 있으나 중장
기적으로는 하락률이 낮을 것이다.

　강남권이 아닌 서울과 경기도 외곽 지역의 부동산은 경제 침체기
에 하락하고 이후 회복도 더딜 것으로 예측된다. 장기적으로도 하
향 곡선을 그릴 것이다. 지역에 따라서는 충격적으로 큰 폭의 하락
가능성이 존재한다. 이에 비해 서울 강남 지역의 주거용 부동산, 즉
아파트나 편의성이 높은 주상복합 등은 전반적인 하락에서 예외가
될 가능성이 크다.

　그러나 강남 지역 부동산도 전반적인 하락 추세에서 완전히 자
유롭지는 못할 것이다. 주가 사이클과 부동산 가격 사이클을 비교
해보면 주가 사이클이 부동산 사이클보다 선행해서 움직인다. 특히
강남 아파트는 전국 평균보다 주가에 훨씬 더 민감하게 반응하는
것으로 분석되었다. 강남 거주자가 다른 지역 거주자보다 주식을
많이 보유하고 있기 때문일 것으로 추정된다.

　요컨대 부동산 가격 하락은 주변부에서 시작해 강남이라는 핵심
지역까지 그 경향이 점차 확산되는 형국이라고 보면 된다. 단기적인
영향은 덜 받겠지만 장기적인 하락 추세는 피할 수 없을 것이다.

부동산 자산 비중을 줄여라

한국 가계 자산 가운데 부동산이 차지하는 비중은 67% 정도다. 특히 50대 후반 이상은 자산의 80% 이상이 부동산이다. 부동산 비중이 지나치게 높다.

부동산은 현금화할 수 있는 능력인 유동성이 떨어지는 자산이다. 부동산 거래가 잘 안 된다는 말은 팔고 싶어도 팔 수 없다는 뜻이다. 바꾸어 말해 현금화하기 어렵다는 의미다. 이렇듯 부동산 유동성이 떨어지는 현상이 오래갈 가능성이 크다.

한국의 가계는 대부분 대출을 이용해 집을 샀다. 부동산 가격이 계속 오르면 문제가 없지만 떨어진다면 심각한 타격을 입게 된다. 가계 부실뿐 아니라 돈을 빌려준 은행의 연쇄 부실로 이어질 가능성도 있다. 이것은 한국 경제의 디플레이션을 불러오는 하나의 계기가 될 것이다.

앞으로는 부동산의 비중을 줄이고 금융 자산을 늘려가는 게 바람직하다. 금융 자산 중에서도 ETF 등과 같이 꾸준히 수익을 낼 수 있는 투자 상품에 관심을 둬야 한다. 특히 해외 금융 자산에도 관심을 가져야 할 시기다.

한국 주식 시장은 1997년 외환위기 이후와 2008년 세계 금융위기 때 주가가 급락했다가 급등하는 V자형의 그래프를 그렸다. 이런 현상은 앞으로 한국에서 다시 접하기 힘들 것이다. 하지만 중국 등 신흥 시장에서는 앞으로 V자형 반등이 일어날 가능성이 크다. 독자 여러분은 그 기회를 잡기 바란다.

주식 종목을 골라서 직접 투자하기 어렵다면 간접 투자 상품을 활용하면 좋다. 중국 ETF와 펀드도 괜찮고 랩 어카운트라는 상품도 있다. 투자자가 증권사와 계약을 맺고 돈을 맡겨두면 증권사가 자산을 대신 운용해주는 계좌다.

부동산 투자 전략

부동산 중에서도 오피스텔 투자에는 매우 신중해야 한다. 상가 또한 리스크가 크다. 우스갯소리로 '상가를 사면 상갓집이 된다'는 말이 떠돌 정도다.

서울 외곽의 전원주택도 적절한 선택이 아니다. 과거 모 대기업의 임원들이 은퇴를 앞두고 양평 등지에 땅을 사는 게 유행했던 적이 있었다. 그러나 지금은 미세 먼지 때문에 그 지역 전원주택 가격이 폭락했다. 전원생활이 꿈이든 투자 목적이든 근교 지역의 전원주택을 산 사람들은 가치 하락으로 후회하는 경우가 많다. 해당 지역에

서 교통이나 교육 등에서 결정적 호재가 생기지 않는 한 가격 급락
은 단기적인 경향이 아니라 추세적인 흐름이 될 가능성이 크다.

그렇다면 2019년 말 이후의 글로벌 경제위기가 진정된 후에 펼쳐
질 경제 회복과 상승 국면에서 한국 부동산은 어떻게 될 것인가? 부
동산 가격은 주가보다 더 늦게 회복될 것이다. 주가가 선행해서 오르
고 부동산 가격이 후행해서 상승할 여지가 있다. 이때는 매매도 상
대적으로 활기를 띨 가능성이 보인다. 또한 리디노미네이션 등이 시
행되면 일시적으로 자산 가격의 인플레이션이 동반될 수도 있다.

이때가 부동산 비중을 줄일 기회가 되리라 본다. 가격이 더 오를
지도 모른다는 생각에 망설이는 일은 현명하지 못하다. 부동산은
쉽게 매매되는 대상이 아니다. 주식은 오늘 사서 내일 팔 수도 있지
만, 부동산은 한 번 사면 3~5년 혹은 10년 이상 장기 보유해야 한
다는 점을 고려하기 바란다.

인구 구조 변동에 따른 수요 변화, 정부 정책, 금융 투자 시장의
동향 등 부동산 가격에 영향을 주는 요인들을 봤을 때 부동산 투자
는 장기적으로 유리하지 않다. 기회가 있을 때 매각하고 금융 자산
을 늘리는 것을 주된 전략으로 삼아야 할 것이다.

국민연금 고갈 시대의
노후 투자 전략

국민연금, 낮은 수익성과 고갈 가능성

대한민국 국민이라면 거의 의무적으로 가입할 수밖에 없는 게 국민연금이다. 그런데 이 국민연금에 대한 불신과 부정적 시각이 커지고 있다.

정부는 국민연금의 장기 수입과 지출 계획에서 국민연금 적립금이 2041년을 정점으로 줄어들기 시작해 2057년에는 고갈될 것으로 전망했다. 그러나 경제 성장 둔화와 더불어 기금 운용 수익률이 떨어지면서 정점과 고갈 시점이 같이 앞당겨질 가능성이 커졌다.

2000~2018년 국민연금의 연평균 수익률은 5.8%로 명목 GDP 성장률인 6.1%를 약간 밑돌았다. 장기적으로 이런 추세를 따라 한국의 경제 성장률과 국민연금 운용 수익률이 동반 하향할 가능성이 크다. 경제 활동 인구는 줄고 부양받을 인구는 늘어나는 인구 구조 고령화 속도가 예측보다 빨리 진행되는 것 또한 국민연금 고갈을 앞당기는 중요한 요인이 될 것이다.

국민연금이 고갈되면 어떻게 해야 하는가? 우선은 정부가 재정으로 채워야 한다. 이때 재정 적자가 지속해서 증가하게 된다. 정부 부채가 급격히 늘어날 가능성이 크다. 일본처럼 GDP 220% 수준에 육박할 수도 있다. 그다음으로 직장에 다니는 근로자에게 보험료를 더 많이 부과해야 할 것이다. 그러면 매우 심한 저항에 부딪치게 된다. 두 방안 모두 쉬운 문제는 아니다. 국민연금 문제는 장기적으로 한국 경제 전체에 심각한 부담으로 작용할 것이다.

최근 맥킨지에서 의미 있는 보고서가 나왔다. 이 자료에 따르면 25개 선진국 가계의 65~70%가 2005년에 비해 2014년의 실질 소득이 줄었거나 같은 수준을 유지한 것으로 나타났다. 국가별로 이탈리아 가계의 97%가 소득 감소를 경험했고 미국(81%), 영국(70%), 네덜란드(70%), 프랑스(63%) 순이었다. 한편 현재 같은 경제 여건이 지속되면 2025년에 가계의 70~80%가 소득 감소를 경험해야 할 것으로

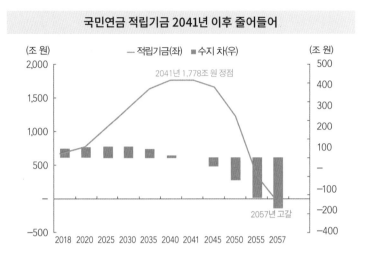

국민연금 적립기금 2041년 이후 줄어들어

(조 원) 　　　— 적립기금(좌)　■ 수지 차(우)　　(조 원)

2041년 1,778조 원 정점

2057년 고갈

2018　2020　2025　2030　2035　2040　2041　2045　2050　2055　2057

자료 : 국민연금재정추계위원회

예상하면서, 자식 세대가 부모 세대보다 더 가난해질 수 있다고 지적한다. 맥킨지는 선진국 경제가 과거 성장 추세로 복귀하더라도 기계와 로봇이 일자리를 대체하면서 10년 후에도 30~40% 가계 소득이 줄어들 것으로 전망했다.

아직까지는 우리 가계의 실질 소득이 증가하고 있지만, 2060년을 내다보면 현재 선진국의 경험이 우리에게도 현실이 될 수 있다. 이런 상황에서 근로자들에게 연금보험료를 더 내라고 권유할 수 있겠는가? 2030년대 들어서는 국민연금 축소를 반대하는 노년층과 더 많

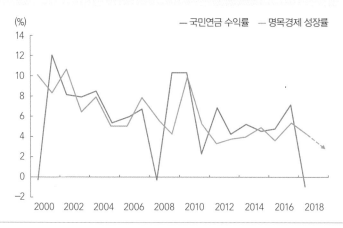

국민연금 운용 수익률 점차 낮아질 전망

— 국민연금 수익률   — 명목경제 성장률

자료 : 국민연금, 한국은행

은 보험료를 내야 하는 청(중)년층 사이에 심각한 충돌이 있을 수 있다. 결국 국민연금 지급액을 낮출 수밖에 없는 상황이 올 것이다.

해외 투자로 기금 운용 수익률을 높이는 것이 대안

하지만 기회는 있다. 국민연금 기금 운용 수익률을 높여 그 시기를 지연시킬 수는 있다. 연금보험료와 지급액이 크게 변하지 않는다는 가정하에 매년 기금 운용 수익률을 1%포인트 정도 올리면 국민

국민연금의 해외 주식 투자 비중 확대

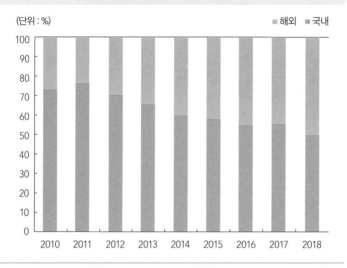

(단위 : %) ■ 해외 ■ 국내

자료 : 국민연금공단

연금 고갈 시기를 3년 정도 늦출 수 있다.

　우리 금리는 더 떨어지고 주식 시장은 조정을 보일 가능성이 높기 때문에 국민연금이 국내 증권 시장에서는 높은 투자수익을 거두기 힘들다. 결국 해외 투자를 늘려야 할 것이다. 실제 데이터를 보면 국민연금은 해외 금융 자산의 투자를 크게 늘리고 있다. 2018년 통계를 보면 국민연금 자산은 638조 원가량이다. 이 중에서 52.9%인 337조 6,000억 원을 채권에, 34.8%인 221조 9,000억 원을 주식에 투

　　　　　　　　　　　　　　　　　　　　　　　　투자의 미래

자하고 있다. 해가 갈수록 주식 비중이 늘어나는 추세다. 특히 해외 주식 비중이 커졌다. 2010년에 전체 자산 가운데 6.2%이던 해외 주식 비중은 2018년에 17.7%로 3배 가까이 늘었다. 사상 처음 국내 주식보다 해외 주식 비중이 더 높아졌다.

국민연금이 해외 주식에 적극적으로 투자하는 이유로 2가지를 들 수 있다. 첫째, 우리나라의 경상수지 흑자가 높기 때문이다. 지금은 낮아졌지만 한때 연간 1,000억 달러를 넘기도 했다. 이런 경상수지 흑자 가운데 상당액이 해외 투자, 그중에서 증권 투자로 나가고 있다. 둘째, 한국 주식 시장이 정체 상태이기 때문이다. 글로벌 증시, 선진국 증시와 한국 증시를 비교해보면 한국 증시가 침체되어 있음을 발견하게 된다. 2011~2016년 세계 증시가 상승하고 있는데도 한국 증시만 제자리걸음을 했다. 2017년의 상승세는 일부 기업의 이익 증가 덕분이다. 이때 상장 기업 영업 이익의 48%를 삼성전자와 SK하이닉스가 차지했다. 이 두 회사의 주가 상승이 한국 증시를 떠받쳤다. 이 두 종목을 빼면 여전히 정체 상태였다. 안타깝게도 국내에서 수익률 증가의 활로를 찾지 못한 국민연금이 해외로 눈길을 돌리는 현상은 앞으로 더욱 심화될 것이다.

국민연금을 운용하는 최고 책임자뿐 아니라 현장 펀드매니저가 글로벌 경제와 금융 시장에 대한 깊은 통찰력이 있어야 한다. 이들이 기금 운용 수익률을 연간 1%포인트만 올릴 수 있다면, 국민연금 적립금이 6조 원 이상 늘어난다. 정부는 변하는 경제 환경을 고려해 국민연금에 관한 장기적인 재정 계획을 다시 짜고, 기금 운용 수익률을 높일 수 있도록 국내외 최고의 전문가를 찾아야 할 것이다. 특히 중국에서 금융으로 국부를 늘릴 기회가 올 것이므로 이를 미리 대비해야 한다.

개인 노후 준비는 퇴직연금부터

국민연금이 불안정한 상황에서 개인은 자기 나름의 노후 준비를 철저히 해야 한다. 퇴직연금 제도가 적용되는 직장에 다니고 있다면 퇴직연금 관리를 잘하는 것에서 노후 준비를 시작하는 것이 바람직하다.

퇴직연금은 근로자가 받을 퇴직급여를 미리 정하고 기업에서는 이를 지급하기 위한 퇴직급여 재원을 금융기관에 적립하는 확정급여형(DBDefined Benefit형)과 기업이 사전에 확정된 부담금을 정기적으로 퇴직연금 사업자에게 납입하면 근로자가 납입된 적립금을 직접 운용하며, 운용 결과에 따라 퇴직급여가 변동되는 확정기여형(DCDefined Contribution형)의 2가지가 있다. 그런데 우리나라 근로자들은 원금 보장의 안전 추구 심리가 강하기에 DB형의 비율이 압도적으로 높다.

하지만 DB형 퇴직연금이 제공하는 낮은 금리로는 은퇴 후 노후 생활을 하는 데 충분한 자금을 마련하기 어렵다. 투자 성과를 실현하는 DC형 퇴직연금이 더 효과적이라 본다. DC형에서는 개인이 ETF 투자를 선택할 수 있다. 퇴직연금을 활용한 ETF 투자를 적극 권한다. 이것부터 시작하는 게 좋다. 이를 통해서라면 정액 적립식 분산 투자 효과도 노릴 수 있다.

DB형 퇴직연금은 받을 돈을 정해놓고 안전성 위주의 금융 상품을 선택해 운용하므로 수익률이 높아질 수 없는 구조다. 그러나 DC형 퇴직연금은 근로자 자신이 투자를 선택하므로 수익률 차이가 크다. 퇴직연금에서는 연 1%의 수익률 차이가 시간이 갈수록 수령 금액의 간격을 더욱 벌린다.

현재 DB형 퇴직연금은 은행 이자 수준의 수익률이다. 2%가 되지 않는다. 반면 DC형 퇴직연금은 운용에 따라 편차가 크지만, 7% 내외의 수익률을 기록하는 상품도 적지 않다.

만약 월 300만 원을 받는 근로자가 20년 동안 연봉의 10% 수준으로 현재 수익률 체계에서 DB형 퇴직연금을 선택한다면 높게 잡아 연 2% 수익률이라 하더라도 퇴직 시 6,300만 원 정도의 퇴직

1% 투자 수익률 차이에 따른 소득 변화

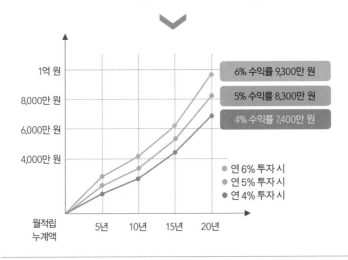

- 월납입금액 20만 원
- 납입 기간 20년
- 연금 수령 기간 20년

1억 원

8,000만 원

6,000만 원

4,000만 원

6% 수익률 9,300만 원

5% 수익률 8,300만 원

4% 수익률 7,400만 원

● 연 6% 투자 시
● 연 5% 투자 시
● 연 4% 투자 시

월적립
누계액　　5년　　10년　　15년　　20년

급여를 받을 수 있다. 반면 똑같은 근로자가 DC형 퇴직연금에서 ETF 등을 활용해 연 7%의 수익률을 낸다면 퇴직 시 1억 3,460만 원의 퇴직급여를 받을 수 있다.

DC형 퇴직연금에서 너무 높은 수익률을 가정한 것이 아니냐는 반론이 나올 수 있다. 하지만 주식 시장은 장기적으로 항상 상향 추세다. 단기적으로 등락을 거듭하면서도 장기적으로 항상 성장하는 게 경제의 기본 흐름이다. 10~20년 단위의 퇴직연금에서는 이런 기간의 혜택을 볼 수 있다. 더욱이 2019년 말 이후의 글로벌 경제 침체기가 지나고 나면 주식 시장의 기대 수익률은 매우 높을 것이다.

2019년 말~2021년 투자 기회를 퇴직연금에 적용하라

DC형 퇴직연금에서는 개인연금관리계좌IRP를 통해서 근로자가 자신의 퇴직연금을 직접 운용한다. 이런 제도를 잘 활용해 현재까지 적립한 퇴직연금액과 앞으로 적립할 퇴직연금액을 2019년 말에서 2021년 사이의 주식 침체기에 급등 가능성이 큰 상품으로 운용하면 근 수익성을 기대할 수 있다. 2019년 말부터 3~5년 기간을 보고 투자하면 2배 내외의 퇴직금 증가를 노릴 수 있다. 수익성을 실현한 후에는 채권형 펀드나 ETF 등 안정성 위주로 옮기는 것도 효과적인 방안이다.

그 한 방법으로 주가 하락 및 반등기 동안 KODEX 200 ETF 등에 투자하면 높은 지수 상승 폭을 퇴직금 증대로 이어갈 수 있다.

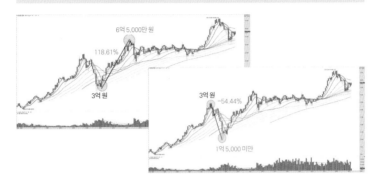

2009년에 퇴직연금 적립액 3억 원을 KODEX 200 ETF에 거치식
으로 투자한 사람은 2년 후인 2011년에 118.61% 상승해 2년 만에
6억 5,000만 원으로 불어나는 큰 성과를 누릴 수 있었다. 2019년 말
부터 3년간의 기회 동안에 비슷한 경우를 누릴 수 있다고 예측한다.

물론 리스크도 존재한다. 2007년 하반기에 퇴직연금 적립액 3억
원을 KODEX 200 ETF에 거치식으로 투자했다면 2008년 하반기
에 50% 하락해 1억 5,000만 원으로 반 토막 나는 경우가 생길 수 있
었다. 장기적으로는 만회할 수 있지만 치밀한 학습과 준비가 필요함
을 알 수 있다.

ETF로 성장의
기회를 잡는다

ETF의 강점

현존하는 가장 위대한 투자가 워런 버핏은 ETF의 낮은 수수료와 분산 투자 방식을 극찬하며 "은퇴를 앞둔 이들이라면 장기 투자 관점에서 더더욱 ETF가 가장 옳은 투자 방식"이라고 강조했다. 그는 2013년 자신이 운영하는 버크셔해서웨이의 연례 주주총회에서 유서에 자신이 죽은 뒤 아내에게 '재산의 10%는 국채 매입에 투자하고 나머지 90%는 전부 S&P 500 인덱스 펀드에 투자하라'고 명시했다고 밝혀 화제가 되기도 했다.

월스트리트의 대표 투자가 짐 로저스도 여러 인터뷰에서 "항상 ETF로 투자하며, 그건 매우 멋진 일"이라고 말하며 ETF 투자에 대해 예찬했다.

ETF의 장점을 정리하면 다음과 같다.

① 적은 금액으로 우량주에 분산 투자할 수 있다.

② 경기가 하락세여도 수익을 얻을 수 있다.

③ 해외 증시에 손쉽게 투자할 수 있다.

④ 운영이 투명해 안전하다.

⑤ 배당 수익까지 얻을 수 있다.

⑥ 투자비용이 저렴하고 중도환매 수수료가 없으며 거래 시 거래 세도 없다.

⑦ 실시간으로 쉽게 매매할 수 있다.

ETF 투자 전략

ETF가 추종하는 대표적인 국내 지수는 코스피 200(거래소 상장 기업 중 200곳 선정), 코스닥 150(코스닥 상장 종목 중 150곳 선정), KRX 100(코스피와 코스닥 종목을 통틀어 100개 우량 종목 선정) 등이 있다.

해외 지수로는 S&P 500 지수(뉴욕증권거래소와 나스닥에 상장된 미국 기업 중 500개 선정), 상하이 종합지수(중국 상하이거래소 상장 종목) 등이 있다. 그 외에도 각국을 대표하는 지수를 추종하는 ETF가 상장되어 거래되고 있다.

ETF는 일반적으로 자신이 추종하는 지수의 수익률에 수렴한다. 특별한 경우도 있다. 인버스 ETF는 선물 거래 원리를 이용해 지수가 하락할수록 수익을 거둘 수 있게 설계된 상품이다. 반대로 레버리지 ETF는 매일매일 추종하는 기초 지수의 일별 수익률을 2배씩 추적하는 ETF다. 이 두 종류의 ETF는 공격적인 성향의 투자자가 주로 선택한다. 특정한 시기의 하락 국면을 확신한다면 인버스 ETF를, 상승 국면을 확신한다면 레버리지 ETF를 선택할 수 있다.

우리는 이 책을 통해 2019년 말부터 2020년 상반기까지 글로벌 경제 침체기가 오고 그 이후 반등하는 국면이 전개될 것이라는 시장의 큰 방향을 예측한다. 단, 추가적인 악재가 이어진다면 2020년 하반기에서 2021년 상반기까지 하락 추세가 계속될 수도 있다. 그리고 중국과 미국, 국내 증시 순으로 큰 상승 폭을 보일 것이라 보고 이 반등기를 투자의 기회로 활용하라고 강조하고 있다.

그러나 이런 방향만 가지고서는 어떤 종목을 매수하는 게 좋을지 개인 투자자로서는 알기 어렵다. 이때 ETF를 활용하면 고도의 전문성을 발휘하지 않아도 시장 전체가 상승하는 국면에서 큰 투자 성과를 거둘 수 있으리라 본다. 중국 시장의 반등을 기대하고 상하이 종합지수 ETF를, 미국 시장의 상승을 예측하며 S&P 500 ETF를, 국내 증시의 부활을 예견하며 코스피 200 ETF에 투자하면 된다. 절호의 기회를 살리는 쉽고 효율적인 투자 방법으로서 ETF를 적극 활용하기 바란다.

비트코인과
암호화폐 투자

비트코인과 코스닥 시장의 상관관계

2018년 1월 이후 비트코인을 포함한 암호화폐 가격이 급락했다. 그해 2월부터는 코스닥 지수도 큰 폭으로 하락했다. 과연 두 시장은 대체 관계에 있는가, 아니면 보완 관계에 있는가? 논문 〈국내 가상화폐 거래가 코스닥 시장에 미치는 영향 : 비트코인을 중심으로〉(우수연, 서강대학교 경제대학원 석사논문, 2018년 6월)에 따르면 비트코인과 코스닥 시장은 보완 관계가 더 강한 것으로 나타났고, 비트코인 시장이 선행했다.

우선 2015년 1월 5일부터 2018년 3월 16일까지의 데이터로 상관관계 분석을 해보면 비트코인 가격과 코스닥 지수 사이에는 동기의 상관계수가 0.64로 비교적 높게 나타났다. 즉, 두 시장의 가격이 상당히 높은 상관관계를 갖고 같은 방향으로 변동했다는 것이다. 그러나 시차 상관계수를 구해보면 비트코인 가격이 코스닥 지수에 15일 선행(상관계수 0.69)한 것으로 분석되었다. 비트코인 시장을 보면 가까운 미래의 코스닥 시장을 전망해볼 수 있다는 의미다.

다음으로 두 시장 간에 인과관계가 있는지를 분석해봤는데, 양방향으로 인과관계가 있었다. 즉, 비트코인 가격이 상승하면 코스닥 지수도 상승했고, 그 역도 성립했다. 그러나 유의 수준을 보면 비트코인 가격 변동이 코스닥 지수 변동을 더 잘 설명하는 것으로 나타났다.

비트코인 거래량과 코스닥 거래량 사이에 어떤 관계가 있는지를 알아보자. 우선 두 변수 간의 상관계수를 구해보면 동기에 0.32로 양의 관계가 있지만, 가격(0.64)보다는 상관관계가 약하게 나왔다. 시차 상관계수를 구해보면 8일 전의 비트코인 거래량과 당일 코스닥 거래량과의 상관계수가 0.35로 가장 높게 나와, 가격과 마찬가지로 거래량에서도 비트코인이 선행하는 것으로 나타났다. 인과관계를 보면 일방적으로 비트코인 거래량이 코스닥 거래량을 설명했던 것으로 분석되었다.

가격과 거래량 측면에서 볼 때 비트코인과 코스닥 시장이 거의 같은 방향으로 변동했다. 그러나 비트코인 시장이 코스닥 시장을 통계적으로 더 유의미하게 설명하고 있다.

비트코인이나 코스닥은 기관보다 개인 투자자 비중이 높다는 공통점이 있다. 비트코인에서 이익을 실현한 투자자가 코스닥에도 투자하는 등의 행태를 보이기에 코스닥 지수와 비트코인 시세가 밀접한 관계를 형성하는 것으로 추측된다.

바이오주 등의 영향으로 코스닥 시장의 변동성과 불안정성이 생기면서 이에 따라 단기적으로 비트코인과의 상관관계가 떨어지기도 했다. 하지만 장기적으로는 상관계수가 높아지는 방향으로 흐를 것이다. 코스닥 시장 참여자가 비트코인 시장을 같이 봐야 할 이유가 여기에 있다.

비트코인의 상승 여력

비트코인 시세를 예측해보면 2020년 말 5,000만 원 이상이 될 가능성이 크다. 지금까지 비트코인의 최고가는 2,700만 원 정도였다. 2019년 9월 말 현재 1비트코인은 1,000만 원 내외다. 이것이 2020년 상반기 1,500~2,000만 원 수준까지 상승하리라 기대할 수 있다. 2020년 말까지 추가로 상승해 5,000만 원까지 가는 흐름을 예상한다. 2021년 상반기에는 추가 상승도 있을 것으로 보인다.

그 근거를 보면, 먼저 앞으로 비트코인 ETF의 승인이 이뤄질 가능성이 크다. 이에 따라 수급 규모가 커질 것이다. 다음으로 2020년 5월에 비트코인 반감기가 도래한다. 이것은 비트코인 채굴 보상이 절반으로 줄어드는 시기를 뜻한다. 비트코인의 총발행량은 2,100만 개로 정해져 있는데, 21만 개의 블록이 생성될 때마다 채굴 보상은 절반으로 감소한다. 비트코인 반감기 이전에 시세가 먼저 오르고 반감기에는 급등하는 패턴을 보인다.

반감기는 이미 예정된 것이지만, 비트코인 ETF 승인 여부는 확정된 것이 아니므로 변화를 예의주시하는 게 좋겠다. 소규모 국가에서 비트코인 ETF와 유사한 형태가 이미 있지만, 세계 금융 투자 중심국인 미국에는 존재하지 않는다. 미국 금융 시장에 비트코인 ETF가 상장될지가 초유의 관심사다. 금 ETF 상장 후 금값이 400% 오른 것과 비교해볼 때 비트코인 ETF 상장은 가격을 급등시킬 파괴력이 있음을 짐작할 수 있다.

암호화폐 시장은 현재 각국의 법률, 시장 규정과 원칙을 따라서 거래소 시장과 코인 시장으로 양분화될 가능성이 크다. 정부 정책

금 ETF 상장 후 금값 변화와 비트코인 가격 추이

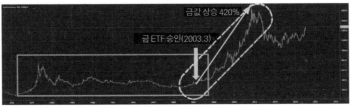

금가격 추이

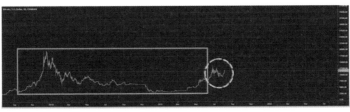

비트코인 가격 추이

에 따라 기업이 코인을 발행하고 그 기업의 가치를 코인으로 인정받는 시대가 도래할 것이다.

현재 전 세계 10억 명의 이용자를 가진 페이스북이 2020년 발행할 암호화폐 '리브라'의 향방도 주목할 필요가 있다. 미국 정부는 달러의 권위에 손상을 줄지도 모르는 페이스북의 리브라에 대해 견제하는 태도를 유지하고 있다. 이것이 압력으로 느껴지면서 암호화폐 시장 전체로 악영향이 미칠 수 있다는 우려도 존재한다. 그러나 미국 정부는 리브라를 전면 통제하기보다 법률 제도 내로 끌어들이는 방향으로 갈 것이다. 리브라가 나오는 시기가 비트코인의 추가적인 모멘텀이 될 가능성이 있다. 암호화폐가 시장에서 이용자들에게 현실적 가치를 인정받을 것이기 때문이다.

하지만 비트코인 투자는 매우 신중해야 한다. 지금까지 비트코인의 성장 여력 중심으로 이야기했지만, 급등 후에 찾아올 하락 가능성이 매우 크기 때문이다. 90% 이상의 폭락도 우려된다. 만약 2020년 폭등기에 비트코인으로 기대 수익을 실현했다면 서둘러 시장에서 빠져나올 것을 권한다.

투자의 미래

3장

미래의 부를 잡는
글로벌 투자 전략

◆ ◆ ◆ ◆

강흥보 세계 경제가 위기 조짐입니다. 기술적 분석으로 볼 때 세계 주요국 주식 시장의 차트가 우하향할 가능성이 큽니다. 앞으로 세계 경제는 어떻게 전개될까요?

김영익 세계 각국은 경제위기를 극복하는 과정에서 많은 부채를 썼습니다. 미국 등 선진국은 정부 부채가 증가했고, 중국은 기업 부채가, 우리나라는 가계 부채가 급격히 늘었습니다. 이 부채를 해결하는 과정에서 구조조정과 경제위기를 피할 수 없을 것입니다. 2019년 말부터 2020년 사이에 경제위기가 시작하리라 봅니다.

미국, 경기 정점에서
하강으로 향한다

사상 최장의 경기 확장 국면

2019년 상반기까지 미국 경기는 꽤 좋은 편이었다. 지표와 체감 경기가 모두 좋았다. 전미경제연구소NBER에 따르면 미국 경제는 2009년 6월을 저점으로 확장 국면을 지속했다. 1945년 이후 미국에는 11번의 경기 순환이 있었다. 평균 확장 기간은 58개월이었고, 가장 확장 국면이 길었을 때는 1991년 3월부터 2001년 3월까지 120개월이었다. 2009년 6월 이후 2019년까지 미국의 경기 확장은 사상 최장 기간을 기록할 것이다. 경기 순환의 역사를 새로 쓰게 되었다. 하

미국 기준 순환일

순환	경기 저점	경기 정점	수축 국면	확장 국면	순환 주기
제 1 순환	1900.12	1902.09	18	21	39
제 2 순환	1904.08	1907.05	23	33	56
제 3 순환	1908.06	1910.01	13	19	32
제 4 순환	1912.01	1913.01	24	12	36
제 5 순환	1914.12	1918.08	23	44	37
제 6 순환	1919.03	1920.01	7	10	17
제 7 순환	1921.07	1923.05	18	22	40
제 8 순환	1924.07	1926.01	14	27	41
제 9 순환	1927.11	1929.08	13	21	34
제 10 순환	1933.03	1937.05	43	50	93
제 11 순환	1938.06	1945.02	13	80	93
제 12 순환	1945.10	1948.11	8	37	45
제 13 순환	1949.10	1953.07	11	45	56
제 14 순환	1954.05	1957.08	10	29	39
제 15 순환	1958.04	1960.04	8	24	32
제 16 순환	1961.02	1969.12	10	106	116
제 17 순환	1970.11	1973.11	11	36	47
제 18 순환	1975.03	1980.01	16	58	74
제 19 순환	1980.07	1981.07	6	12	18
제 20 순환	1982.11	1990.07	16	92	108
제 21 순환	1991.03	2001.3	8	120	128
제 22 순환	2001.11	2007.12	8	73	81
제 23 순환	2009.6	–	18	?	?
평균			15	45	60

자료: NBER

투자의 미래

지만 경기 확장 국면이 길어질수록 정점에 가까이 왔다는 신호가 된다.

　미국 경제의 오랜 호황은 정부의 과감한 재정과 통화 정책의 뒷받침을 받았다. 2008년 미국이 금융위기를 겪은 결정적인 이유는 가계와 기업, 금융권의 과다한 부채였다. 미국의 민간 부문 부채는 1990년에 GDP의 179%였다. 이 비율은 2000년 232%, 금융위기 직전인 2008년 2분기 289%까지 치솟았다. 특히 금융 부문과 가계 부채 상승률이 높았다. 2000년에서 2008년 2분기까지 금융 부문 부채는 GDP의 72%에서 104%로 늘었다. 같은 기간 가계 부채는 70%에서 98%로 늘었다.

　결국, 일부 금융회사가 파산했고 금융위기가 발생했다. 부채로 부실해진 미국 가계는 소비를 줄일 수밖에 없었고 이에 따라 기업의 투자도 위축될 수밖에 없었다. 2008~2009년 미국 경제는 2년 연속 마이너스 성장을 기록했다.

　미국 정부는 금융위기와 경기 침체를 극복하기 위해서 적자 재정을 편성했다. 2009년 미국 재정 적자가 GDP 대비 9.8%였다. 이는 2차 세계대전 이후 가장 높은 수치였다. 또한 미국 FRB가 통화 정책을 적극적으로 운용했다. 정책 금리인 연방기금 금리는 금융위기 전인 2007년 8월 5.00~5.25%였다. 이것을 0~0.25%로 과감히

미국 실제 GDP가 잠재 GDP 초과

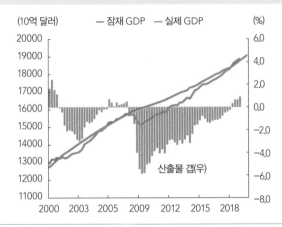

*산출물 갭은 실제와 잠재 GDP(미 의회) 차이
자료 : 미국 상무부 산하 경제분석국

미국 서비스업 중심으로 고용 증가

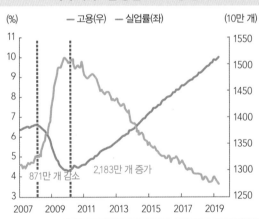

자료 : 미국 노동부

낮췄다. 이와 더불어 세 차례의 양적 완화를 통해 엄청난 돈을 찍어냈다. 2007년 말 8,372억 달러였던 본원통화가 양적 완화를 종료한 2014년 10월에는 4조 15억 달러로 4.8배나 늘었다.

초저금리와 풍부한 유동성이 공급되자 미국의 주가와 집값 등 자산 가격이 큰 폭으로 상승했다. 2009년에 666까지 떨어졌던 S&P 500 지수는 거의 4배나 상승해 2018년 1월 말에 2,666까지 뛰어올랐다. 집값 역시 2012년 4월부터 오르기 시작해 2018년 4월까지 54% 상승(20대 도시 기준)했다. 특히 상업용 부동산 가격은 2010년 1분기보다 80%나 급등했다.

자산 가격 상승은 미국 소비 증가에 크게 기여한 것으로 보인다. 미국 소비 함수를 추정하면 주가가 10% 상승했을 때 소비가 0.3% 늘고, 주택 가격이 10% 오를 때 소비가 0.9% 증가한 것으로 나타난다. 2009년 이후에는 주가 상승률이 집값 상승률보다 훨씬 높아서 소비 증가에 주가가 더 큰 영향을 끼친 것으로 분석된다.

미 정부의 재정·통화 정책이 총수요 곡선을 우측으로 이동시켰다면, 공급 측면에서 총공급 곡선을 오른쪽으로 이동시킨 계기가 있었다. 유가 하락이었다. 2008년에 배럴당 평균 105달러였던 유가는 2009년에 62달러로 41%나 폭락했다. 그 이후에도 유가 안정 추세가 지속되었고 2016년에는 43달러까지 하락했다. 유가 하락 역시 미국의 경제 성장률을 높이는 데 큰 몫을 했다.

소비 활성화의 관건이 되는 일자리 사정도 좋아졌다. 2008년 이후 금융위기를 겪는 2년 동안 비농업 부문에서 일자리가 869만 개가 사라졌으나, 2010년 3월부터 2019년 8월까지 일자리가 2,183만 개나 생겼다. 2009년에 10%까지 올라갔던 실업률도 2019년 5월에는 거의 완전 고용 수준인 3.6%로 떨어졌다.

2017년부터는 트럼프 행정부의 경기 부양책이 경기 확장 국면을 연장시켰다. 결정적인 정책은 세제 개편이었다. 개인 소득세율 구간을 7단계에서 3단계로 간소화하고, 최고 소득세율을 39.6%에서 37%로 인하했다. 가처분소득 증가를 통해 GDP의 70%를 차지하는 소비를 부양하려는 의도였다.

더 나아가 법인세 인하도 강행했다. 법인세율을 35%에서 21%로 내렸다. 이에 따라 기업의 이익이 늘었고 투자 여력이 증대되었다. 법인세 인하에 따른 기업 이익 증가는 주가 상승으로 이어져 다시금 소비 증대 요인으로 작용했다. 이와 함께 트럼프 대통령은 인프라 투자를 확대하고 기존 FTA의 재협상으로 미국 기업의 수출을 늘리고 수입은 줄이는 정책을 시행하고 있다.

미국의 현 정부와 전 정부의 여러 정책 수단이 효과를 발휘하면서 경제 성장률이 올라가고 사상 최장의 경기 확장 국면을 맞았다.

미국 경제 전망(컨센서스)

(단위 : %)

구분	2014	2015	2016	2017	2018	2019	2020	2021
GDP 성장률	2.6	2.9	2.5	2.2	2.9	2.3	1.8	1.8
소비자물가	1.6	0.1	1.3	2.1	2.5	1.8	2.0	2.1
실업률	6.2	5.3	4.9	4.4	3.9	3.7	3.7	3.9
경상수지/ 경상GDP	−2.1	−2.4	−2.4	−2.3	−2.4	−2.5	−2.6	−2.5
재정수지/ 경상GDP	−2.7	−2.6	−3.1	−3.4	−4.2	−4.4	−4.7	−5.0
기준 금리(말)	0.25	0.50	0.75	1.50	2.50	1.95	1.85	2.00
국채 수익률 (10년, 말)	2.17	2.27	2.45	2.41	2.69	1.98	2.17	2.44

자료 : 블룸버그(2019. 9. 2)

미국의 경기는 점차 정점에 도달해가고 있다. 이제는 하락을 알리는 지표들이 나오고 있다. 2019년 들어 산업 생산 지수가 정체되고 있는 등 각종 경제지표가 둔화되고 있다. 특히 장단기 금리 차이가 역전되면서 다가올 경기 침체를 예고하고 있다.

경기 하강의 시작

금융위기 극복 과정에서 미국 정부는 과감한 재정 정책을 시행해 침체된 가계와 기업을 부양했다. 그 결과 경기는 회복되었지만,

민간 부문 디레버리징과 정부 부채 증가

(GDP 대비, %) — 공공 부문 부채(우) — 민간 부문 부채(좌) (GDP 대비, %)

자료 : 미국 재무부

정부가 부실해졌다. 정부 부채가 GDP의 100%를 초과하는 수준이다. 이미 재정 정책이 한계에 도달했다.

2019년 말 이후 미국 경제가 위축될 때는 정부가 쓸 수 있는 재정 정책 수단이 별로 없다. 재선을 앞둔 트럼프는 경제 성장을 위해 재정을 투입해 추가적인 부양 정책을 펼치려 하겠지만 의회의 승인을 받지 못할 것이다. 미국 정부의 부채가 높아서 의회가 트럼프 행정부 예산을 제약할 수 있기 때문이다. '트럼프의 적은 미 의회다'라는 말은 이런 배경에서 이해할 수 있다.

투자의 미래

미국 국내외 불균형 해소

(GDP 대비, %)　　　　　　　　── 재정수지　── 경상수지

자료 : 미국 재무부

　미국 경제가 자생력을 갖으려면 소비와 투자 등 민간 부문이 회복되면서 정부 부채가 축소되어야 한다. 2008년 금융위기 이후 민간 부문 디레버리징 과정을 거쳤다면 다음으로 정부 디레버리징이 과제가 된다. 국내외 불균형 해소도 중요한 문제다. 재정수지와 경상수지 적자를 축소해야 한다. 이렇듯 경제의 체질 개선을 해야 하므로 일정 기간의 침체와 고통은 불가피할 것이다.

　금융위기 이후 적극적 통화 정책을 구사했던 미국은 양적 완

미국 본원통화와 정책 금리 추이

(%) — 본원통화(우) — 연방기금 금리(좌) (10억 달러)

QE3

QE2

QE 종료

제로 금리 종료

QE1

2007 2009 2011 2013 2015 2017 2019

자료 : FRED

화와 금리 인상을 통한 통화 정책 정상화 과정을 밟아오고 있다.
2014년 10월에 양적 완화를 종료했고 2015년 12월 이후 연방기금
금리를 12차례 인상했다. 미국이 3조 달러가 넘는 돈을 찍어냈음에
도 불구하고 물가가 안정된 것은 2008년 금융위기 이후 미국 GDP
가 잠재 수준보다 낮아 초과 공급이 존재했기 때문이다. 그러나 소
비 중심으로 미국 경제가 회복세를 지속하면서 2017년 3분기부터
실제 GDP가 잠재 GDP를 넘어서기 시작했다. 2018년 미국 경제가

양적 완화 이후 주가 큰 폭 상승

— 본원통화(우) — S&P 500(좌) (10억 달러)

QE3

QE2

QE1

QE
종료

자료 : 블룸버그

2.9% 성장했는데, 실제 GDP가 잠재 GDP를 1% 이상 초과함으로써 물가 인상 위험이 커진 상황이 되었다. 자연스럽게 미국 FRB의 적극적인 금리 인상이 예견되었다.

그러나 2019년 하반기 들어 금리를 내리고 있다. 2018년 12월만 하더라도 미국 FRB의 연방공개시장위원회FOMC에서 2019년에 관한 두세 차례 정도의 금리 인상이 논의되었다. 하지만 2019년 6월 FOMC에서는 17명의 위원 가운데 7명이 50bp 금리 인하 관점을 보였고, 7월과 9월에는 각각 0.25%포인트씩 내렸다. 이것은 미국 경제가 조만간 수축 국면에 접어들 수 있다는 것을 시사한다.

미국 경제 침체를 예고해주는 가장 중요한 지표는 장단기 금리 차이다. 장기 금리가 단기 금리보다 높은 것이 상식이다. 그런데도 장기 금리가 단기 금리보다 낮아졌다는 것은 미래 투자 자금에 대한 수요가 줄 것이란 점을 예고한다. 장기 경제 전망이 어둡거나 불투명하다면 장기 국채 수익률이 낮아지고 단기 국채 수익률이 높아지는 것이다. 따라서 장단기 금리 역전은 경기 침체의 전조로 받아들여진다.

그런데 2019년 5월부터 3개월 국채 수익률(단기 금리)이 10년 국채 수익률(장기 금리)보다 높아지는 역전 현상이 일어났다. 1980년 이후 통계를 분석해보면 장단기 금리 차이가 경제 성장 산업 생산 증가율에 22개월, 경제 성장률에 5분기 정도 선행했다.

1978년 이후 장단기 금리 역전 현상은 5번 발생했다. 5번 모두 2년 이내에 경기가 침체했다. 2006년 하반기에서 2007년 상반기 사이에 장단기 금리 차이가 마이너스로 추락했고 2008년 미국 경제가 위기에 직면했던 것을 떠올려보면 이것이 얼마나 위험한 신호인지 짐작할 수 있다.

주가가 경기에 선행하지만 경기가 수축 국면에 접어들면 주가 하

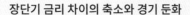

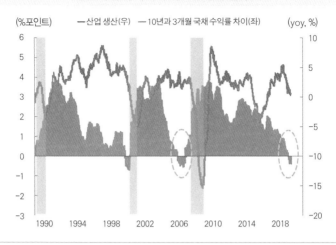

장단기 금리 차이의 축소와 경기 둔화

(%포인트) —산업 생산(우) — 10년과 3개월 국채 수익률 차이(좌) (yoy, %)

* 하늘색은 경기 수축 국면
자료 : FRED

락 폭이 깊어진다. 1969년 이후 주가와 경기 순환 관계를 보자. 주가 고점이 경기 정점에 동행했거나 2~11개월 선행했다. 경기가 정점을 치고 난 이후에는 주가가 평균 11개월에 걸쳐 23%나 떨어졌다. 가장 최근에 미국 경기가 2007년 12월에 정점을 찍고 수축 국면에 들어섰는데, 그 후 주가는 17개월 동안 49%나 떨어졌다.

현재 미국 주가는 과대평가된 측면이 있다. 부분적으로 거품이 발생한 것이다. 미국 주가(S&P 500 지수 기준)를 산업 생산, 소매 판매, 비농업 부문 고용 등 주요 경제지표로 평가해보면 2019년 8월

주가와 산업 생산의 동행

— 산업 생산(우)   — S&P 500(좌)   (1997=100)

자료 : 블룸버그

현재 18% 정도 과대평가된 것으로 분석된다. 적정 수준을 찾아가
는 조정이 진행될 것이다. 미국 가계의 금융 자산에서는 주식 비중
이 36% 정도로 매우 높다. 주가가 하락하면 소비를 위축시켜서 경
제 침체를 가속화시킬 것으로 보인다.

　여러 면을 종합해볼 때 미국 경제는 사상 최장기 확장 국면을 지
나 머지않아 수축 국면에 접어들 것으로 내다보인다. 그런데 미국은
이 경제 침체에 대응할 수단이 별로 없다. 연방정부의 부채가 높기
때문에 재정을 투입할 여력이 크지 않다. FRB는 금리를 계속 인하

투자의 미래

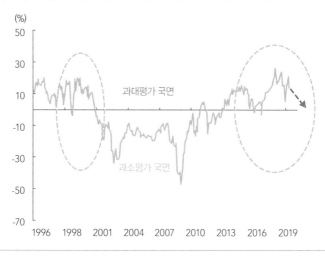

미국 주가가 경기에 비해 지나치게 앞서갔음

(%)

과대평가 국면

과소평가 국면

* 주가를 산업 생산, 소매 판매, 고용으로 회귀 분석한 후 잔차를 구한 것이다

하겠지만, 금리가 낮아서 내릴 수 있는 폭이 작다. 가계와 기업이 부채를 줄이는 과정이므로 금리를 내려도 소비와 투자가 크게 늘어나지 않을 것이다.

미국은 금융위기를 극복하고 경기를 상승시키는 과정에서 생긴 버블을 해소해야 할 단계로 접어들었다. 과도한 정부 부채, 고평가된 주가, 가계 부채 등이 적정 수준으로 조정되기까지 침체와 하락이 불가피하다. 미국 경제와 긴밀히 연결된 세계 경제 역시 동조 현상을 겪을 것이다.

중국, 미룰 수 없는
구조조정

중국 경제, 위기를 피할 수 없다

세계 경제의 흐름에서 미국만큼 중요한 국가가 중국이다. 특히 중국은 세계 경제에서 비중과 역할을 점점 더 강화하고 있다.

세계적인 투자가 짐 로저스 로저스홀딩스 회장은 세계 경제의 장기 전망을 하면서 아시아, 그중에서도 중국이 소비 주체로 부상할 것이라고 단언했다. 그동안 미국인들이 엄청나게 소비를 늘리면서 세계 경제를 주도했다. 하지만 그 과정에서 부채를 지나치게 늘렸기에 소비 여력이 줄어들었다. 예전처럼 소비할 수 없는 상황이다. 그

투자의 미래

런데도 세계 경제가 장기 성장할 수 있는 이유는 새롭게 부상한 중국, 인도, 베트남, 인도네시아 등 아시아의 소비가 경제를 뒷받침하게 될 것이기 때문이라는 설명이다.

중국의 소비가 얼마나 늘어날지에 대해 단적인 사례를 하나 살펴보자. 한국은 2.2명당 1대꼴로 자동차를 보유하고 있다. 중국은 8.6명당 자동차 1대를 갖고 있다. 앞으로 판매할 여력이 크게 남아 있다는 얘기다. 엄청난 인구 규모, 경제 성장과 함께 증가하는 소비 추세 등을 볼 때 중국인의 소비가 세계 경제를 이끄는 시기가 얼마 남지 않았다고 예측하는 사람들이 상당하다. 장기적인 관점에서 아시아 경제를 긍정적으로 보는 짐 로저스는 손녀의 중국어 공부를 위해 싱가포르로 이민할 정도다.

하지만 이런 경제 성장이 마냥 순탄하게 이어질 리 만무하다. 경기는 확장과 수축을 거듭하면서 순환하기 마련이다. 위기는 필연적으로 닥친다. 1887년 블랙먼데이와 뒤이은 대공황, 1997년의 아시아 국가 외환위기, 2008년의 글로벌 금융위기 등을 떠올려볼 수 있다. 중국 역시 경제위기를 피할 수 없다.

중국은 부채와 투자 중심의 성장에서 소비 중심으로 이동하는 과정이다. 하지만 투자는 급격히 줄고 소비는 서서히 증가한다. 한동안 이 사이에 차이가 생기고 그것이 위기와 진통을 일으킬 것이다.

2018년의 주가 폭락 등의 지표로 볼 때 중국의 경제위기는 이미 시작된 것으로 평가할 수 있다. 이러한 중국의 경제위기를 볼 때 방어적으로 받아들이고 위축되기보다 이 속에서 새로운 가능성을 찾아야 한다.

앞에서 말했듯 중국은 세계 소비를 주도할 잠재력이 있다. 경제위기 과정에서 구조조정을 치른 후에는 급성장할 가능성이 크다. 우리나라가 IMF 경제위기 이후 기업과 금융의 체질을 개선하고 크게 성장한 것과 비슷하다.

위기 이후 중국의 금융에서 부를 쌓을 기회가 오고 있음에 주목하고 이를 위해 준비하는 것이 바람직하다. 즉 중국이 위기를 겪으며 주가 등 자산 가격이 하락하는 시점은 싸고 좋은 투자처가 생기는 기회가 된다. 이 부분은 뒤에서 자세히 설명하겠다.

급성장 속에 잠재된 위기

2008~2009년 세계는 미국발 글로벌 금융위기로 진통을 겪었다. 세계 경제는 -0.4%, 미국 등 선진국 경제는 -3.5%의 마이너스 성장률을 기록했다. 세계 경제가 마이너스 성장한 것은 1982년 이후 처음이었다. 이와 달리 중국 경제는 2009년 9.2%, 2010년에 10.4%나

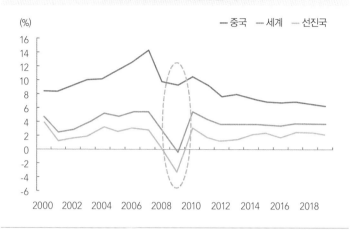

(%)　　　　　　　　　　　　　— 중국　— 세계　— 선진국

자료 : IMF

성장했다. "중국만이 자본주의를 구제한다"는 말이 나올 정도였다.

　그런데 중국의 경제 성장은 지나친 투자 중심의 성장이었다. 중국 GDP에서 고정 투자가 차지하는 비중이 2008년 글로벌 금융위기 전에는 38% 안팎이었으나, 2009년 이후에는 46%를 넘어서기 시작했다. 당시 세계 평균이 22% 정도였던 것을 고려하면 지나치게 높았다. 이런 투자 증가로 경제 성장률은 9%를 웃돌 수 있었다. 2009년 고정 투자의 경제 성장 기여율이 79%에 이르렀다. GDP 증가분의 거의 80%를 투자 부문이 차지했다는 의미다.

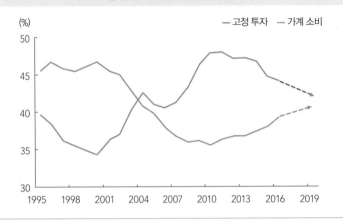

중국 경제 성장의 중심 이동

(%) — 고정 투자 — 가계 소비

* 명목 GDP 기준
자료 : 중국국가통계국

문제는 투자 중심으로 성장하는 과정에서 부채가 크게 늘었다는
데 있다. 중국 정부와 민간 부문의 부채가 GDP에서 차지하는 비중
은 2008년 169%에서 2017년 300%를 넘어섰다. GDP 대비 정부 부
채는 36.2%(2017년 기준), 가계 부채는 49.3%(2018년 1분기 기준)로 상대
적으로 낮다. 그러나 기업 부채가 같은 기간 GDP의 92%에서 167%
로 늘었다. 전 세계적으로 유례를 찾을 수 없는 높은 부채 비중이
다. 기업 회계가 좀 더 투명해지면 부채는 훨씬 더 뚜렷하게 드러날
것이다. 중국은 2014~2016년 투자를 위해 회사채 발행을 늘렸다.

투자의 미래

2008년 글로벌 금융위기 이후 중국 부채 급증 비율 비교

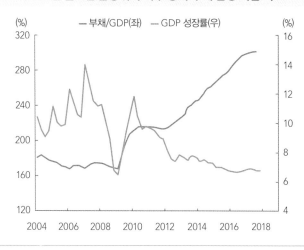

(%) — 부채/GDP(좌) — GDP 성장률(우) (%)

*비금융 민간 부문과 정부 부채가 GDP에서 차지하는 비중
자료 : BIS

이 회사채의 만기가 2019~2021년에 몰려 있는 점도 위험 요인 가운데 하나로 꼽을 수 있다.

또한 경제 성장률이 낮아지는 과정에서 기업 부실이 더 심해질 수밖에 없다. 중국 경제가 투자 중심으로 성장하는 시기에 증권 시장이 활성화되지 못했다. 그래서 기업이 주식이나 채권 발행 등 직접 금융으로 자금을 조달하기보다 은행에서 투자금을 빌리는 간접 금융에 의존했다. 이런 구조에서는 기업 부실이 곧 은행 부실로 이

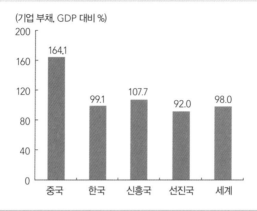

주요국(지역)의 기업 부채/GDP

(기업 부채, GDP 대비 %)

* 2018년 1분기 기준
자료 : BIS

어질 수밖에 없다.

역사를 보면 부채가 급증한 다음에는 경제 성장이 둔화되거나 경제위기가 왔었다. 2008년 미국의 금융위기가 과소비에 따른 위기라면, 다가올지 모르는 중국 경제위기는 과투자를 해소하는 과정에서 발생한 위기일 것이다.

1997년 한국의 외환위기도 기업과 은행의 부실을 처리하는 과정이었다고 해석된다. 당시 한국은 외환 보유액이 거의 바닥났기 때문에 IMF의 지원을 받고, IMF가 처방한 구조조정 프로그램을 따랐다. 그래서 30대 재벌 가운데 11개가 사라질 만큼 구조조정을 신속

하게 진행할 수 있었다.

하지만 중국은 2019년 6월 말 현재 3조 1,192억 달러의 외환을 보유하고 있다. 한국과 같은 외환위기는 겪지 않을 것이다. 또 구조조정을 독촉할 IMF 같은 기관도 없다. 스스로 구조조정을 해야 하므로 그 과정이 다소 지연될 여지가 있다.

그러나 미·중 무역전쟁이 중국의 구조조정 속도를 더해줄 가능성이 크다. 미국은 중국과의 거래에서 엄청난 마이너스를 기록했다. 이것을 제조업에서 되찾아올 수는 없다. 주요 상품을 중국보다 싸게 생산할 수는 없기 때문이다. 미국이 중국보다 경쟁력이 크게 앞서는 부문은 금융을 포함한 서비스업이다. 미국은 중국의 금융 시장 개방을 강력하게 요구할 것이며 이를 통해 무역에서 잃었던 돈을 찾아오려 할 것이다. 미국은 중국과의 무역전쟁의 최종 목표를 자본 시장과 금융 시장 개방에 두고 있다.

중국도 위안화 국제화를 포함한 금융 강국을 추구하고 있기 때문에 외환 및 자본 시장을 자유화할 수밖에 없다. 이 과정에서 중국의 금리와 환율이 정상화되고 기업과 은행의 구조조정을 촉진하는 계기가 될 것이다.

중국이 사회주의 체제를 유지한다고 해서 시장을 통제할 수는 없다. 세계 경제사에서 정치 체제나 정부의 의도에 따라 장기적으로 시장을 움직여온 사례는 찾을 수 없다. 중국 경제의 구조조정은 시장의 거대한 요구다. 따라서 중국은 필연적으로 구조조정을 거치게 될 것이다.

구조조정의 파급력

구조조정이란 산업은 존재하지만 그 산업 내의 기업은 줄어든다는 의미를 담고 있다. 기업과 은행의 구조조정 과정에서 투자와 소비가 위축될 가능성이 크다. 중국 경제가 자본주의 시장에 편입되면서 1978~2011년 동안 연평균 10% 성장을 하다가, 과잉 투자의 후유증이 나타나면서 2012년 이후에는 경제 성장률이 7% 안팎으로 떨어졌다.

2018년에는 6.6% 성장했고 2019년에도 6.2% 성장할 것으로 예상되지만, 2020년에는 구조조정에 따른 투자가 줄어들면서 경제 성장률이 4~5%로 떨어질 가능성도 배제할 수 없다.

중국의 구조조정은 원자재 가격 하락을 통해서 신흥 시장, 특히 브라질과 러시아 같은 원자재 수출국에 크게 영향을 끼칠 것이다. 구조조정이란 기업이 사라지고 그만큼 투자가 줄어든다는 의미를 내포하고 있다. 2008년 글로벌 금융위기 이후 중국 경제가 투자 중심으로 성장하는 과정에서 대부분의 원자재 수요 증가분의 절반 이상을 차지했다. 구조조정 과정에서 원자재 수요가 줄어들면 이들 가격도 하락할 것이다. 2015~2016년 마이너스 성장을 했다가 원자재 가격 상승 등의 영향으로 2017년 이후 플러스 성장세로 돌아선 브라질과 러시아 경제가 다시 침체에 빠질 수 있다.

중국 경제의 전개 시나리오

중국 경제의 전개 방향에 대해서 보통 3가지 시나리오를 제시할 수 있다.

첫째, 안정 성장을 지속할 것이라는 견해다. 중국 경제가 그동안 투자 중심으로 성장했으나, 앞으로는 늘어나는 소득 증가를 바탕으로 소비가 경제 성장을 주도할 것이라는 논리다.

둘째, 중국 경제가 중진국 함정에 빠질 것이라는 시나리오다. 구조조정이 지연되고 인구 구조의 고령화로 소비와 투자 활동이 부진하면서 저성장의 늪에 빠질 수 있다는 것이다.

셋째, 부실한 은행과 기업의 구조조정 과정에서 위기를 겪는 경우다. 이 시기에 그림자금융이나 지방정부 부채 문제가 같이 드러나면서 금융위기를 겪을 수 있다는 진단이다.

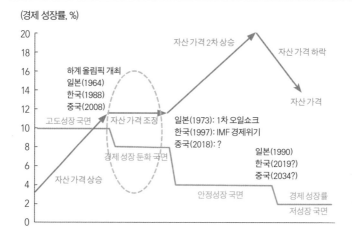

중국 경제 성장 국면과 주가

(경제 성장률, %)

20
18
16 하계 올림픽 개최
14 일본(1964)
   한국(1988)
12 중국(2008)
10 고도성장 국면
8
6
4 자산 가격 상승
2
0

자산 가격 조정

자산 가격 2차 상승   자산 가격 하락

자산 가격

경제 성장 둔화 국면

일본(1973): 1차 오일쇼크
한국(1997): IMF 경제위기
중국(2018): ?

일본(1990)
한국(2019?)
중국(2034?)

안정성장 국면   경제 성장률

저성장 국면

이 시나리오 가운데 어느 하나만 나타나지는 않을 것이다. 단계별로 전개될 가능성이 크다. 2019년 말에서 2020년 사이에 중국이 세 번째 시나리오에 해당하는 구조조정 위기를 겪고, 그다음에 소비 중심으로 안정 성장하는 첫 번째 시나리오를 따라갈 것으로 예측하는 게 가장 합리적이다.

2019년 상반기에는 중국 증시가 상승해 기대감을 주었다. 하지만 이는 추세적인 상승이 아니라 일시적인 반등이었고, 이내 하락했다. 중국은 구조조정에 따른 경제 침체와 주식 시장에서 주가 급락을 맞이할 것이다.

이런 예측을 따르면 중국의 구조조정 과정은 중국에서 금융 투자를 통해 부를 늘릴 좋은 기회가 된다. 중국의 구조조정 과정에서 좋은 기업들, 특히 소비 성장의 과실을 얻을 내수 1등 기업의 주식을 싸게 매입하면 중국이 소비 중심으로 안정 성장하는 단계에서 엄청난 수익을 안겨줄 것이다. 현명한 투자자는 이 기회를 살리기 위해 미리 준비해야 할 것이다.

미·중 무역전쟁의 전개와
세계 경제의 향방

미·중 무역전쟁은 패권전쟁

어떤 사건이 발생했을 때 그 본질을 알면 차분히 대응할 수 있다. 미·중 무역전쟁도 그렇다. 그 본질을 알아야 미래를 예측하고 바람직한 대처 방향을 잡을 수 있다. 미·중 무역전쟁은 본질적으로 패권전쟁이다.

미·중 무역전쟁의 표면적인 이유는 미국의 대중국 무역 적자다. 중국은 2000년에 세계무역기구WTO에 가입했다. 그해 미국은 831억 달러의 무역 적자를 기록했다. 이것이 점점 늘어서 2018년에

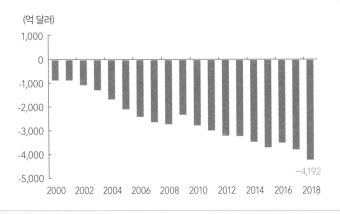

미국의 대중 무역 적자 확대

(억 달러)

자료 : 미국 상무부

는 무역 적자가 4,192억 달러를 기록했다. 지금까지 미국의 대중 무역 적자 누적 금액은 4조 8,000억 달러를 넘는다. 미국은 무역 불균형을 해소해야 한다는 것을 명분으로 삼아 중국을 향해 무역전쟁을 감행했다.

사실 근본 원인은 따로 있다. 경제 대국으로 떠오르는 중국을 견제하려는 미국의 대응으로 봐야 한다. 일찍이 나폴레옹이 중국을 경계하며 이렇게 말했다. "잠에 빠져 있는 중국을 깨우지 마라. 중국이 깨어나는 순간 온 세상이 뒤흔들릴 테니." 하지만 중국은 깊은 잠에서 깨어나고야 말았다.

구매력 기준 GDP

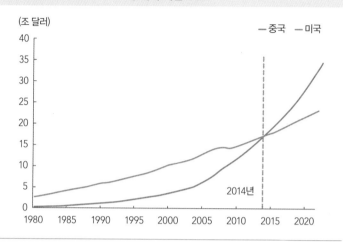

(조 달러)

— 중국 — 미국

자료 : IMF

구매력 기준 GDP를 살펴보면 2014년에 미국과 중국이 같아졌다. 그 후 역전돼 중국이 더 커졌다. 그동안 미국이 세계 경제의 주도권을 잡았는데 중국이 급부상하면서 위협하게 된 것이다.

미국과 중국은 투키디데스 함정에 빠졌다. 투키디데스 함정은 고대 그리스에서 패권을 다투던 아테네와 스파르타의 전쟁에서 유래한 말이다. 기존 패권 국가와 빠르게 부상하는 신흥 강대국이 결국 부딪칠 수밖에 없는 상황을 의미한다. 최근에는 미국과 중국의 긴장 관계를 설명하는 데 쓰이며 주목을 받았다. 지난 500년 역사

투자의 미래

동안 기존 강대국과 신흥 강대국이 16차례 격돌했는데, 그중에서 12번의 전쟁이 일어났다. 그만큼 심각한 갈등과 대립을 가져왔다.

중국은 그동안 제조 강국과 무역 강국을 추구해왔다. 그리고 현재 그 목표는 달성되었다. 중국 제조업이 세계에서 차지하는 비중이 24%를 넘어서 18%인 독일을 누르고 1위에 올라섰다.

이어서 중국은 기술 강국을 지향하고 있다. 이 목표는 '중국 제조 2025' 정책에 녹아 있다. '중국 제조 2025'는 2015년 중국 국무원이 발표한 제조업 활성화와 산업 고도화 전략이다. '양적 제조업 대국'에서 '질적 제조업 강국'을 모색하고 있다. 2025년까지 첨단의료기기, 로봇, 바이오 기술, 항공우주, 반도체 등을 포함한 10개 하이테크 제조업 분야에서 기업을 육성해 이들 분야에서 핵심 기술 및 부품과 소재를 70% 이상 자급하겠다는 포부다. 이 전략은 우리나라와도 연관이 크다. 그동안 한국에서 수입하던 반도체를 자체 생산으로 대체하는 내용이 들어 있기 때문이다. 게다가 중국은 위안화 국제화를 포함한 금융 강국을 추구하고 있다.

현재 기술 최강국, 금융 최강국은 미국이다. 미국은 이 지위를 위협하는 중국의 도전을 막아야만 한다. 싹이 자라기 전에 자르겠다는 의도로 무역전쟁을 감행한 것이다. 이것이 미·중 무역전쟁의 본질적 측면이다. 이렇게 볼 때 미·중 무역전쟁은 금융전쟁으로까지 이어지는 수순을 밟을 것이다.

2006년 미국의 경상수지 적자가 GDP 대비 6%를 넘었다. 다른 나라에서 경상수지 적자가 이렇게 크면 외화 부족으로 국가 경제가 흔들린다. 하지만 미국은 기축 통화국의 지위를 이용해 달러를 찍어내는 것으로 대응해왔다. 미국은 30센트 비용으로 100달러 지폐를 인쇄해서 무역에도 쓰고 심지어 군사력을 강화해 세계의 경찰까지 자임했다.

이런 미국의 모습을 보며 중국은 패권국을 꿈꾸게 되었다. 위안화를 기축 통화로 만들려 하고 있다. 덩샤오핑은 중국 경제를 일부 개방하면서 이런 말을 남겼다. "창문을 열면 신선한 공기가 들어오지만, 파리도 들어온다." 어떤 선택에는 긍정적인 효과와 부정적인 효과가 동시에 발생한다는 뜻이다. 중국은 앞으로 자신들에게 이익이 더 큰 선택을 하게 될 것이다. 최종 목표가 금융 강국인 중국은 기존 금융 강국인 미국이 이를 사전에 봉쇄하려고 한다는 사실을 염두에 둬야 한다.

중국의 극단적 대응 카드

미·중 무역전쟁의 주도권은 미국에 있는 것으로 보인다. 하지만

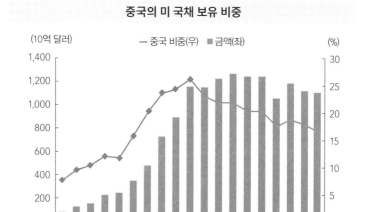

중국의 미 국채 보유 비중

(10억 달러) — 중국 비중(우) ■ 금액(좌) (%)

*비중은 총 외국인 보유액에서 중국이 차지하는 비율, 2019년은 6월 기준
자료 : 미국 재무부

중국에게도 결정적인 무기가 있다. 미국은 글로벌 금융위기 때 국채를 발행해 경기를 부양했다. 이 국채의 26%를 중국이 사들였다. 미국과의 무역에서 벌어들인 돈이 재원이 되었다. 미국이 중국을 더 강하게 압박하면 이 국채를 팔 수도 있다. 실제로 중국의 미국 국채 보유 비중은 26%에서 2019년 6월에는 17%까지 줄었으며 추가로 국채를 팔 수 있다는 암묵적 메시지를 보내기도 했다. 2019년 8월 미국이 중국을 환율 조작국으로 지정해 중국의 환율 방어를 위한 미국 국채 매도 가능성을 더욱 높였다.

한국이 입을 영향

미·중 무역전쟁이 심화되어 세계적 경제 침체가 일어난다면 가장 큰 피해를 볼 나라로 대만이 거론된다. 대만 경제가 중국 경제 블럭 안에 있기 때문이다. 그다음 타격을 입을 나라가 한국이다.

우리나라의 수출 가운데 한국 기업이 중국 공장에서 제품을 생산해 미국으로 수출하는 가공 무역의 비중이 높다. 따라서 중국산 제품에 높은 관세가 부과되거나 미국 수입이 제한될 때는 한국 기업이 직접적인 타격을 받을 수밖에 없다.

미국과 중국이 서로 보복 관세를 부과하면 생산과 투자가 축소되어 성장 둔화가 일어난다. 이에 따라 미국과 중국의 GDP는 각각 0.1%, 0.2% 감소할 것으로 예측된다. 이렇게 되면 두 나라에 대한 수출 의존도가 높은 국가들이 부정적인 영향을 입는데 우리나라가 입을 여파도 크다. GDP가 연간 0.018% 감소할 것으로 추산되는데 2억 3,649만 달러에 해당한다.

미·중 무역전쟁의 결말

미·중 무역전쟁이 향하는 방향은 어디일까? 미·중 무역전쟁의 최종 목적지는 중국의 자본 시장 개방이라고 정리할 수 있다. 미국은 개방된 중국의 자본 시장에서 금융으로 부를 늘리려는 야심이 있다.

무역전쟁 과정에서 미국과 중국의 무역 협상이 진행되고 있다. 미국의 협상 대표는 실무 부처인 상무장관이 아니라 재무장관이 맡고 있다. 여기에서 미국의 관심사가 드러난다. 미국은 무역전쟁을 금융전쟁으로 확산시키고 중국의 외환 시장, 금융 시장, 자본 시장 개방과 완전한 자유화를 이끌어내려고 하고 있다.

미국이 주요 상품을 중국보다 싸게 생산할 수는 없다. 미국이 중국보다 경쟁력이 크게 앞서는 부문은 금융을 포함한 서비스업이다. 그래서 미국은 중국의 금융 시장 개방을 강력하게 요구할 것이다. 거의 5조 달러에 육박하는 무역 적자를 금융을 통해 되찾아오려는 시도가 예상된다.

중국도 위안화 국제화를 포함한 금융 강국을 추구하고 있기 때문에 외환 및 자본 시장을 자유화할 수밖에 없다. 이 과정은 기업과 은행의 구조조정을 촉진하는 계기가 될 것이다. 자연스럽게 중국의 금리와 환율도 정상화할 것으로 보인다.

중국이 구조조정을 거친다면 경제와 기업의 체질이 매우 좋아질 것이다. 우리나라도 IMF 체제에서 구조조정을 하고 기업 체질이 크게 강화되었다. 중국도 이와 마찬가지일 것이다. 구조조정 후의 중국은 질적으로 한 단계 도약해 소비 중심으로 안정 성장하리라 예견된다. 미국은 이 과정에서 싸게 사서 비싸게 파는 투자 성과를 기대한다. 우리도 이 시기를 놓치지 말고 중국에서 금융으로 부를 늘릴 준비를 해야 한다.

중국 금융 시장에서
부를 쌓아라

중국 주식 시장의 예정된 위기와 반등

중국은 경제 성장률이 6%를 넘는 나라인데 10년 만기 국채 수익률은 4%다. 지나치게 낮은 수준이다. 금리 자유화가 되지 않았기에 가능한 일이다. 중국에서 금리 자유화가 진행된다면 금리가 일시에 급상승하고 부채 부담 때문에 중국 기업의 구조조정이 가속화할 것이다. 이에 따라 자산 가격이 낮아지면 미국 금융 자본, 유대인 자본이 중국에 들어와서 그동안 무역에서 손해 본 4조 8,000억 달러의 적자를 금융에서 메꾸려 할 것이다. 우리나라가 외환위기를 겪을 때 론스타 한 기업이 4조 8,000억 원의 차익을 보고 나갔다. 미국 자본은 이런 거대한 이익을 노리고 있다. 이것이 미·중 무역전쟁의 방향이며 종결점이다.

미국과의 무역전쟁과 구조조정, 자본 시장 개방과 자유화를 거치며 중국의 주식 시장은 급락 후 급등의 V자 곡선을 그릴 것으로 보인다. 눈앞에 다가온 이 시기가 중국 금융 시장에서 부를 쌓을 최대의 기회다.

우리는 중국 주식 시장에 인버스 투자해 하락세에서 상당한 수익을 보았다. 또한 내수 1등주 ETF도 견실한 수익을 냈다. 2020년 상반기에는 금융 자산의 50% 이상을 중국 주식 시장에 배분할 계획이다.

이 책을 읽는 투자자들은 계속 하락세가 예측되는 2019년 하반기부터 길게 보고 공부한다는 차원에서 소액으로 중국 주식을 사들이다가 기회를 봐서 매수 규모를 늘리는 전략을 취하기를 권한다. 2020년 상반기에 본격적인 매수를 시작한다 하더라도 미리 발을 담가두는 게 좋다는 판단이다.

어차피 내릴 것이라 예측한다면 시장의 바닥 지점에 들어가면 좋은데 왜 미리 들어가느냐고 묻는 개인 투자자가 많다. 이유가 있다. 소규모로 미리 시장에 들어가 있으면 시장의 움직임을 긴밀하게 파악할 수 있으며 감을 느끼면서 큰 수익을 낼 수 있다. 조금씩 사놓으며 공부하다가 기회가 왔을 때 잡는 게 가장 현명하다.

그런데 바닥을 잡으려는 사람들은 적은 수익을 내고 있다가 주가가 더 상승했을 때 욕심에 눈이 먼다. 위험한 고점에서 비중을 더 크게 물려 곤란한 지경에 이른다. 부자들은 위기를 예측하고 대응한다. 저점에서 레버리지까지 쓰는 용기가 있다. 그런데 보통 사람들은 위기가 오면 겁을 먹는다. 더 떨어질 것 같아서 매도하고 매수 기회를 놓친다.

만약 중국 내수 ETF를 가지고 있다면 하락기에 수익률이 마이너스일 것이다. 이때 두렵고 조급한 사람은 재빨리 매도한다. 하지만 부자들은 이 마이너스를 매수의 척도로 사용한다. 단기적인 하락에 흔들리지 말고 장기적인 기회를 모색할 것을 권한다.

중국 증시 투자 시점

중국은 미국으로부터 환율 조작국으로 지정되는 등 미·중 무역 전쟁 등으로 어려움을 겪고 있다. 기업의 과도한 부채도 경제 성장의 발목을 잡는 고질적 문제다. 하지만 중국은 인구 구조를 봤을 때 자국의 생산을 내부에서 소화할 수 있을 정도의 역량을 갖추고 있다. 그만큼 내수 중심으로 성장하기 위한 토대가 든든하다.

미국이 중국을 향해 금융 개방을 계속 압박하고 있는데, 중국은 결국 문을 열 수밖에 없을 것이다. 개방은 글로벌 기준에 맞는 투명성과 합리성을 요구한다. 우리나라 기업들이 IMF 이전에 보였던 것처럼 중국에는 불투명한 회계와 사업 관행 등이 아직 많이 남아 있다. 중국이 개방을 계기로 구조조정을 본격화하고 부정부패를 줄이고 회계 제도를 투명하게 한다면 경제의 체질을 개선하고 본격적인 상승세에 올라탈 가능성이 크다.

중국 증시는 2020년에 바닥을 형성할 것이다. 중국 증시는 글로벌 증시와 비교할 때 고점 대비 하락 폭이 상당히 컸었다. 2019년 8월 환율 조작국 지정 등의 변수는 이미 주가에 반영된 상태라 봐도 좋다. 추가적인 하락이 크지 않을 것으로 보인다. 저점에 대비해서 상당히 빠른 속도로 증시가 안정적으로 흐를 확률이 높다.

또한 중국 증시는 미국 증시와 국내 증시보다 앞서서 하락했으며 기술적 반등을 주었고 이 반등을 통해 다음 레벨의 하락을 어느 정도 제한하는 상승을 먼저 보였기 때문에 예상보다 증시 폭락의 폭이 작을 수도 있다. 선행해서 하락한 폭이 존재하므로 구조조정기의 하락은 20% 내외가 될 것으로 보인다. 앞으로 경제위기 동안 미국 증시의 추가적인 하락을 20~40% 예측했던 것에 비해 하락세가 더 약할 것이라 예상한다.

중국 증시의 흐름은 특수성이 있어 예측하기가 쉽지 않다. 따라서 저점을 정확히 잡으려 하지 마라. 2018년 8월 말 시점보다 10% 정도 추가 하락한다면 이 부분을 저점으로 간주하고 그때부터 정액 적립식으로 투자하는 방식을 권한다.

구조조정기에 중국에 적극 투자한다면 바닥권인 상하이 종합지수 2,000포인트 전후에서 5년 이내에 6,000포인트까지 기대할 수도 있을 것이다. 평균 3배 정도 오른다는 판단이다. 개별 종목으로 보았을 때 10~50배 상승하는 종목들도 적지 않을 것이다.

중국 주식 시장에 들어갈 타이밍을 고민한다면 중국이 금융 시장 개방 일정을 미국과 합의했다는 뉴스가 나오는 시점을 우선 고려하기 바란다. 이 기회를 통해 월스트리트 등의 미국 자본이 중국 금융 시장에 진출해 큰 수익을 낼 것이다. 한국의 개인 투자자들도 선도적으로 나서 이 과실을 나눌 수 있기를 바란다.

중국 증시 흐름 분석

상하이 종합지수는 2018년 12월, 2,500포인트 구간에서 바닥을 찍고 30% 이상 강한 상승을 보여줬다. 이런 상승 이후 미·중 무

상하이 종합지수(SHANG)

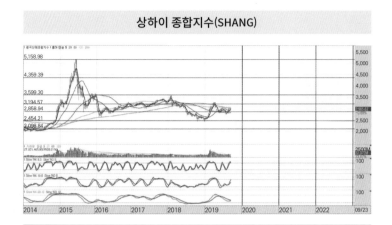

역전쟁이 전개되면서 2019년 4월을 고점으로 15% 이상 하락했고, 2019년 9월 현재는 하락분의 절반을 되돌리면서 견조한 흐름을 보여주고 있다. 상하이 종합지수는 이러한 상승과 하락을 만들면서 미·중 무역전쟁에 의한 악재를 내성화한 모습이 차트 흐름에 포함되었다고 할 수 있다.

2018년 후반에 상하이 종합지수가 기술적 반등을 한 후 2,000포인트 이탈 가능성까지 열어두고 시장을 지켜본 적이 있다. 다행히 2018년 연말에 강한 상승을 보여줬다. 중국 경제의 힘을 보여주며 큰 고비를 넘기는 모습이었다.

중국 증시는 이런 기술적 흐름으로 인해 큰 하락 추세는 면하는

투자의 미래

모습이다. 차트 흐름과 같이 2019년 후반부터 2020년 상반기를 맞이하면서 그동안의 상승분을 돌리는 모습이 예상된다. 하락률은 오차가 있을 수 있지만, 2019년 9월 고점을 기준으로 −20% 이상의 하락을 예상하며 이런 하락 추세 이후에 2020년 중반기를 시작으로 2021년 상반기에는 글로벌 시장의 어떤 증시보다 빠르게 우상향할 것으로 보인다.

기본적 분석과 거시적인 통계 지표를 통한 시장 예측이 아니라 기술적 분석을 통한 시장 예측을 하자면 그렇다. 주식 시장이 상승하려면 에너지를 모아서 올리는 모습이 나와야 한다. 그리고 시장이 어느 정도 에너지를 소진해 고점 신호가 나오면 그 에너지가 빠지면서 하락이 나온다. 여기에 따른 추세 라인들이 만들어지므로 기술적 분석이 가능하다.

상하이 종합지수는 어떤 글로벌 증시보다 유망한 투자처가 될 것이다. 시기와 기간적인 측면이 100% 맞을 수는 없겠지만 하락률과 기간 예측을 염두에 두면서 글로벌 증시 대장인 다우존스 지수 흐름과 함께 분석하고 투자 타이밍을 잡아본다면 성공 투자에 가까이 다가갈 수 있을 것이다.

중국 증시 투자 전략

무엇보다 중국 주식 시장에 관심을 두고 국내 증시와 비교해 공부해야 한다. 한국 주식 시장은 미국 증시보다 중국 증시에 더 가깝게 동조화되어 있다. 즉, 중국 증시와 상관계수가 높다. 차트를 보면 중국과 한국 주가의 방향이 거의 같다. 2014년 이후 미국 증시와 디커플링하고 중국 증시와 커플링하는 경우가 늘었다.

하지만 오를 때는 중국 주가가 훨씬 더 많이 올랐다. 2020년 상반기에 저점을 찍고 오르기 시작한다면 중국 주가의 상승 폭이 한국 주가의 상승 폭보다 훨씬 더 클 것이라 본다. 현명한 투자자는 이 차이를 놓치지 않고 기회를 잡을 것이다.

중국 주식에 직접 투자하는 것도 좋은 방법이고 금융이나 투자 지식이 부족하다면 상하이 종합지수 등 중국 지수를 추종하는 ETF가 적당할 것이다.

ETF는 매우 좋은 투자 수단이다. 예를 들어 상하이 종합지수가 10% 상승했을 때 그 10%보다 높은 투자 수익률을 올리는 펀드 매니저는 손으로 꼽을 만큼 드물다. 그렇다면 시장 수익률과 똑같이 움직이는 ETF가 훨씬 더 현명한 선택임은 자명하다.

장기적인 관점에서 주가 지수는 물가 가치를 따라서 우상향하는 게 자본주의의 속성이다. 바닥을 포착할 수는 없다 하더라도 지금 ETF를 선택하면 3년, 5년, 10년, 20년 후에는 현재보다 훨씬 더 높은 곳에 자리를 잡게 된다. 투자를 위한 별도의 시간을 할애하기 힘든 현대인들에게 하락 후 대세 상승이 예상되는 중국 시장에서 ETF는 강력한 투자 대안이 될 수 있을 것이다.

미국
증시 투자 전략

트럼프는 자유무역에서 보호무역으로 방향을 바꾸면서 미국 기업의 수출 증가와 내수 발전을 기대하고 있다. 그리고 법인세 인하 등 친기업 노선을 걸었다. 트럼프는 차기 대선에서 정권을 잡기 위해서 포퓰리즘 정책을 계속 펼칠 것이다. 이러한 트럼프의 행보가 미국 주가를 상승시키는 데 기여해온 것 역시 사실이다.

미국 증시를 예측해보면 2019년 말부터 늦으면 2021년까지 하락이 예상된다. 고점 대비 30~50%까지 급락하는 파동이 나올 수 있다. 2019년 8월 기준에서 볼 때, 한국에서 먼저 큰 하락이 왔고 미국도 고점 대비 10% 하락한 상태다. 경제위기가 본격화되면 추가로

20~40% 정도 더 하락하리라 본다.

하락기를 3단계로 나눠보면 초기에는 급하락, 중간에는 바닥에서 박스 횡보, 후기에는 우상향하는 모습을 보일 것이다. 하락 구간을 지나면 우상향하면서 가파르게 올라가는 형태가 나올 가능성이 크다.

현재 진행하고 있는 미·중 무역전쟁은 환율전쟁 양상으로 번졌다. 앞으로 군사 충돌로 격화되리라 점치는 사람도 있지만, 전 세계의 기류로 볼 때 그 가능성은 작다. 미·중 경제전쟁이 환율전쟁 수준에서 어느 정도 매듭지어지는 시점에서 국가 간 해묵은 감정은 남았을지라도 발전적인 합의점을 도출할 것이다.

만약 트럼프가 차기 대선에 이긴다면 이때는 지금까지의 돌출적이고 공격적인 태도보다 현상을 유지하는 쪽으로 바뀔 것으로 보인다. 트럼프가 대선에서 지고 미국 행정부의 리더가 교체되더라도 현재와 같은 공세적 모습은 나타나지 않을 것이다.

미·중 경제전쟁의 마무리, 정권 유지 또는 교체, 정부와 공공 부문 부채 해소 등이 마무리되면 대략 2021년 후반기 또는 2022년부터 미국 증시는 상승 추세로 전환되리라 예상한다. 현 고점 부근에서 큰 조정을 하고 다시 쌍봉 흐름에서 한 단계 더 크게 도약하는 흐름이 이후 3년간 펼쳐질 것이다.

미국 증시 흐름 분석

2018년 다우존스 지수는 사상 최고치를 갱신했다. 실물 경제가 좋아진 부분도 있지만, 트럼프 대통령이 법인세 최고율을 35%에서 21%로 대폭 내리는 정책을 펼치면서 주가에 그대로 반영되었다. 주가가 상승하는 데 큰 역할을 한 것이다. 법인세 인하율이 기업의 이익으로 전환되었기 때문이다. 또한 적절한 금리 인하 타이밍을 잡아 시장에 추가 자금을 풀면서 주가 지수가 우상향하는 데 큰 힘을 실어줬다고 할 수 있다.

그러나 미국 증시는 이런 상승장 가운데서도 미·중 무역전쟁 등으로 일시적인 변동성이 언제든지 나올 수 있음을 고려해야 한다. 차트는 앞으로 누구나 알 수 있는 호재 또는 악재를 논하기보다 순수하게 기술적 분석을 바탕으로 미국 다우존스 지수 흐름을 예상한 것이다. 큰 흐름은 어느 정도 예측 가능하지만 정확한 시점의 예상은 신의 영역이다.

다우존스 지수는 2020년 상반기에 고점 대비 -40~-50%가 넘는 하락이 예상된다. 2017년 4월 눌림 구간과 2018년 12월 추세 라인을 이탈할 것으로 보인다.

앞에서 소개한 거시적 경제지표와 통계 자료가 기술적 분석에서

다우존스 지수

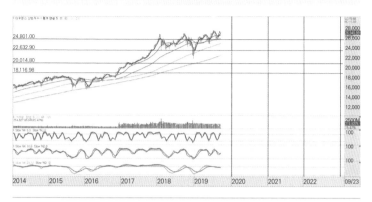

나오는 하락 구간의 이유가 된다. 순수하게 기술적 분석 측면에서 보자면, 시장에 상승 에너지가 마무리되고 고점 신호로 판단되는 추세 라인들을 다 확인하는 모습 이후에 2020~2021년까지 큰 하락 국면을 맞이할 것으로 판단한다.

2020년에서 2021년으로 넘어가는 구간에서는 다우존스 지수는 진바닥을 형성하며 큰 상승 추세를 만들고, 2021년 후반부터 2022년에 본격적인 상승 추세선을 만들며 큰 랠리를 보여줄 것으로 기대하고 있다. 투자자들은 현금성 자산을 확보하고 2020년 상반기부터 미국 증시 대표 기업이며 글로벌 톱 브랜드인 구글, 애플, 아마존 등의 종목에 관심을 갖고 공부하는 것이 효과적일 것이다.

전 세계적
환율전쟁

세계 경제사는 환율과 금리의 역사

환율과 금리를 빼고서는 경제를 논할 수 없다. 금리와 환율을 공부하면 경제 공부는 다 한 것이나 마찬가지다. 특히 전 세계적으로 환율전쟁이 본격화된 현재는 환율과 금리를 모르면 경제적 판단을 하기 어렵다.

2008년 글로벌 금융위기 이후 미국, 일본에 이어 유럽중앙은행 ECB까지 환율전쟁에 가세했다. 금융위기를 극복하는 과정에서 미국이 본원통화를 한 해 동안 99%나 늘렸고, 그 전후에 달러 가치가

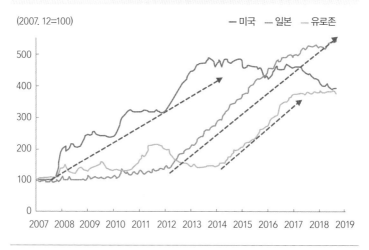

선진국 중앙은행 본원통화 추이

(2007. 12=100) — 미국 — 일본 — 유로존

자료 : 각국 중앙은행

큰 폭으로 하락했다. 상대적으로 엔화와 유로화 가치가 상승했는데, 엔/달러 환율은 2007년 6월 말 123엔에서 2012년 1월에는 76엔으로 엔 가치가 38%나 올랐다. 이는 일본의 디플레이션 압력을 더욱 심화시켰으며, 일본의 통화 증발을 유도했다. 2012년 1월부터 2019년 6월까지 일본 본원통화가 318%나 늘었는데, 이 역시 최근 경제사에서 찾아보기 힘든 일이다. 그 후 엔 달러 환율이 2015년 한때는 123엔으로 복귀했다.

미국과 일본이 돈을 찍어내 경쟁적으로 자국의 통화 가치 하락을

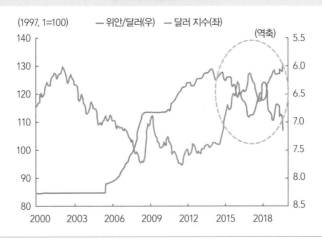

중국의 환율전쟁 가세

(1997. 1=100) — 위안/달러(우) — 달러 지수(좌)

* Trade Weighted U.S.Dollar index : Broad
자료 : 블룸버그

유도하는 것을 보고, ECB도 2015년부터는 본격적으로 돈을 풀기 시작했다. 독일인은 1923년 하이퍼 인플레이션을 겪은 경험이 있어 '인플레이션 트라우마'에 사로잡힌 사람들이다. ECB는 독일의 암묵적 동의하에 2015년 한 해 동안 본원통화 공급을 45%나 늘렸다. 그렇지 않으면 유로 가치가 달러나 엔에 비해 상승하고 수출 경쟁력이 떨어질 것을 우려했기 때문이다.

내수가 움츠러들자 수출을 늘리기 위해 본원통화를 늘리는 양적완화로 통화 가치 하락을 유도한 것이다. 이러한 선진국들의 경쟁적

투자의 미래

인 환율전쟁에 중국이 가담하면서 세계 전쟁은 환율전쟁의 격랑에 빠져들었다.

달러 하락 추세

미국 경제사는 한마디로 달러 가치 절하의 역사였다고 평가해도 과언이 아니다. 주요국 통화와 달러 가치를 비교한 그래프를 분석해 보면 미국 경제가 어려울 때마다 달러가 약세였다는 사실을 발견하게 된다.

대표 사례가 1980년대 레이건 행정부 때다. 이때 감세 정책을 썼는데 재정수지와 경상수지 적자가 엄청나게 늘었다. 미국이 감내할 수 있는 수준을 넘어섰고 미국은 플라자합의를 통해 이 상황을 돌파했다. 1985년 뉴욕의 플라자호텔에서 주요 5개국 재무장관이 모여서 각국이 외환 시장에 개입해 달러화 강세를 막도록 결의했다. 이로써 독일 마르크화와 일본 엔화 강세를 유도했다.

1985년 8월 엔·달러 환율은 236엔이었는데 1987년 12월에는 123엔까지 떨어졌다. 2년도 되지 않아 반 토막이 난 것이다. 엔화 가치가 오르자 가격 경쟁력이 떨어져 수출 길이 막힌 일본 기업들이 아우성을 쳤다. 일본 정부는 금리를 내리고 양적 완화에 들어갔다.

달러의 추세적 가치 하락

(1973. 3=100) — 장기 추세선

* 약세 평균 = 9년, -32%
* 강세 평균 = 5년 8개월, 47%

80.7-85.3
55%

73.1-80.7
-14%

85.3-95.4
-44%

95.4-02.2
40%

02.2~11.8
-39%

11.8-16.12
38%

* Trade Weighted U.S. Dollar Index : Major Currencies
자료 : FRB

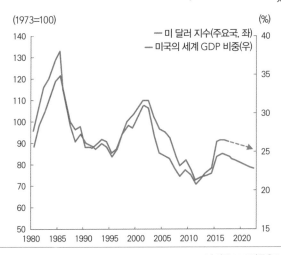

(1973=100)   (%)

— 미 달러 지수(주요국, 좌)
— 미국의 세계 GDP 비중(우)

* 2019~2024년 미국 GDP 비중은 IMF 전망치

투자의 미래

그 후 일본 자산 가격에 거품이 생겼고, 나중에 이 거품이 꺼지면서 장기 불황에 빠져들었다.

엔화가 강세이던 때 우리나라 경제는 좋은 시기를 만났다. 저유가, 저달러, 저금리의 3저 호황을 누렸다. 경제 사정이 나빴던 미국은 사우디아라비아의 원유 증산을 압박했다. 국제 유가가 배럴당 32달러에서 7달러까지 내려갔다. 유가가 떨어지자 물가가 낮아졌고 이어서 금리도 내려갔다. 이에 따라 전 세계의 소비도 늘었다. 세계 수요의 증가에 따라 수출도 늘었다. 이 시기 환율은 한국 경제 성장의 결정적 호재로 작용했다.

플라자합의 이후 엔화 가치가 치솟으면서 원화 가치는 엔화 가치에 비해 78%나 하락했다. 세계 수요가 증가한 상황에서 가격 경쟁력이 높아지니 수출 기업들은 호시절을 만났다. 미국의 달러 약세 정책 때문에 일본 경제는 힘들어졌지만 한국 경제는 반사 효과를 톡톡히 누릴 수 있었다.

이후 2000년에 접어들어 미국에서는 닷컴버블이 생겼다. 이때 미국 경제가 어려워지자 달러 약세를 유도했다. 2008년 글로벌 금융위기 때도 달러 약세 정책을 펼쳤다. 경제위기 때마다 약세를 유도하는 가운데 미국 달러 가치는 추세적으로 하락 국면으로 가고 있다.

경제 침체 속에서 별다른 대응 수단이 없는 트럼프 행정부가 달러 약세의 환율 정책을 사용하리라 예측된다. 금융위기 극복을 위해 공공 부문 부채를 늘려온 미국 정부는 재정을 투입할 여지가 없다. 추가적인 양적 완화도 어렵고, 금리 인하의 효과도 미미할 것으로 보인다. 남은 카드는 환율 정책뿐이다.

미국 상무장관의 "환율이 높다고 평가되는 나라는 상계관세를 부과하겠다"는 발언이나 재무장관의 환율 조작국 지정 조건 강화 발표는 이런 예측에 신뢰를 더해준다.

장기적으로 달러 가치 하락, 위안 가치 상승

최근 미중 무역전쟁이 환율전쟁으로 확산될 조짐을 보이고 있다. 미중 경제전쟁의 종착역 가운데 하나는 '달러 가치 하락과 위안 가치 상승'일 가능성이 높아 보인다.

예고된 것처럼 미국은 2019년 9월 1일부터 1,120억 달러에 해당하는 중국산 수입품에 15% 관세를 매기고, 중국도 750억 달러의 미국산 수입품에 대해 5~10%를 관세를 부과하면서 맞대응하고 있다. 미국은 10월 이후 중국산 수입품 2,500억 달러에 대한 관세율을 종전 25%에서 30%로 인상하기로 했고, 중국은 12월 15일부터 미국산 자동차와 부속품에 각각 25%와 5%씩 관세를 부과할 계획이다.

이처럼 미중 무역전쟁이 확산되고 있는 직접적 이유는 미국의 대중 무역수지 확대에 있다. 중국이 WTO에 가입한 2001~2018년 미국의 대중 무역수지 적자는 누적 4조 7,987억 달러에 이르렀다. 특히 2018년 한 해 동안 미국은 중국과의 교역에서 사상 최고치인 4,192억 달러 적자를 냈다. 이는 미국 전체 무역 적자(6,277억 달러)의 67%에 해당하는 규모다.

미국이 무역 적자국이고 중국이 흑자국인 가장 중요한 이유는 미국이 상대적으로 소비를 많이 하고 중국은 적게 하는 데 있다. 한 나라의 저축률과 투자율의 차이가 그 국가의 GDP 대비 경상수지 흑자율과 유사한데, 2001~2018년 미국의 연평균 국내 저축률이 17.7%로 총투자율(20.9%)보다 3.2%포인트 낮았다. 이와 달리 중국은 같은 기간 저축률이 투자율보다 2.9%포인트 높았다. 미국과 중국의 무역 불균형이 해소되려면 미국의 소비가 위축되든지 중국이 소비 중심으로 성장해야 한다는 이야기다.

2018년 미국 명목 GDP에서 민간 소비가 차지하는 비중이 68%로 중국(39%)보다 훨씬 높다. 좀 멀리 내다보면 미국의 소비 비중은 줄고 중국 가계가 소비를 늘리면서 양국 간 무역 불균형이 해소되는 과정을 거칠 전망이다.

우선 미국 가계가 소득에 비해 부채를 줄여가고 있는 것은 사실이지만, 아직도 과거 평균에 비해 높다. 2000년 GDP 대비 71%였던 가계 부채가 2007년에는 99%까지 올라가면서 금융위기의 한 원인이 되었다. 그 후 가계의 부채를 조정하면서 2018년 말에는 77%까지 떨어졌지만, 위기 전 장기 평균(1980~2007)인 64%보다 높다. 저금리와 양적 완화에 따른 풍부한 유동성으로 집값과 주식 가격에 거품이 발생했는데 이 거품이 해소되면 미국의 가계 소비가 급격하게 위축될 가능성이 높다.

반면 중국 경제는 소비 중심으로 성장할 전망이다. 미국에서 시작된 금융위기가 전 세계로 확산되면서 2009년 세계 경제는 선진국 중심으로 −0.4% 성장했다. 그러나 그해 중국 경제는 9.2% 성장했다. 중국 경제가 이처럼 높은 성장을 한 이유는 고정 투자가 GDP에서 차지하는 비중이 2009년 46%(1990~2008년 평균 39%)로 전폭적으로 증가한 데 기인했다. 그러나 그 과정에서 기업 부채가 GDP의 160%를 넘어설 만큼 기업이 부실해졌다.

중국 기업의 구조조정 과정에서 투자는 상대적으로 줄어들 것이다. 이제 투자 대신 소비가 중국 경제의 성장을 주도할 가능성이 높다. 2018년 말 중국 가계 부채가 GDP에서 차지하는 비중이 53%로 다른 나라(G20 평균 59%)에 비해 상대적으로 낮고, 중국의 1인당 국민소득이 2019년 1만 달러를 넘어서면서 소비가 본격적으로 증가할 것이기 때문이다.

환율 조정도 미중 무역의 불균형을 해소하는 데 기여할 것이다. 미국 소비가 줄고 중국 소비가 증가하려면 달러에 비해 위안 가치가 상승해야 한다. 그런데 미 달러 대비 위안 환율이 2019년 8월 초 2008년 5월 이후 처음으로 7위안을 넘어섰다. 미국은 곧바로 중국을 '환율 조작국'으로 지정했다.

트럼프 행정부는 앞으로도 위안화 가치 상승 유도를 위한 정치적 압박을 좀 더 강화할 것이다. 또한 통화 정책 측면에서도 달러 약세를 유도할 가능성이 높다. 최근 미국의 장단기 금리 역전이 시사하는 것처럼 머지않아 미국 경기가 수축 국면에 접어들 전망이다. 미국 FRB는 금리 인하와 더불어 양적 완화를 재개하면서 달러 약세를 유도할 것이다.

중국은 장기적으로 위안화 국제화를 포함한 금융 강국을 목표로 내세우고 있는 만큼 위안화 가치가 급락하는 것을 방치하지는 않을 것이다. 중국은 2019년 6월 말 현재 1조 1,125억 달러의 미국 국채를 보유하고 있다. 그 일부를 팔아서라도 어느 정도 환율을 안정시키려는 노력을 기울일 것이다. 무엇보다 중국 경제가 소비 중심으로 성장하려면 위안화 가치가 올라야 한다.

미국과 중국의 저축률 변화와 환율 조정 과정이 느리게 진행되면서 2020년에 세계 경제가 침체에 빠지고, 위안/달러 환율이 지금보다 더 오를 수 있다. 그러나 장기적으로 이들의 조정에 의해 미중 무역 불균형이 점차 해소되면서 글로벌 경제는 새로운 성장 국면을 모색할 전망이다.

원·달러 환율 하락이 장기적 추세

우리나라 정부와 경제계도 매년 4월과 10월이면 환율 조작국으로 지정되지 않을까 노심초사한다. 새롭게 강화된 환율 조작국 지정 조건을 살펴보자.

첫째, 연간 경상수지 흑자가 GDP의 2% 이상, 둘째, 연간 대미 무역 흑자가 200억 달러 이상, 셋째, 외환 시장 달러 매수 개입이 GDP 2% 이상이다.

우리나라는 세 번째 조건에는 해당하지 않는다. 두 번째 조건에 들어가지 않으려고 미국산 셰일가스 수입을 늘렸다. 문제는 첫 번째 조건이다. GDP의 7%이던 경상수지 흑자가 4% 내외로 줄어들긴 했지만, 여전히 2%를 넘고 있기 때문이다. 이런 상황에서 원·달러 환율이 오른다면 미국이 가만히 방관하지만은 않을 것이다. 우리나라도 미국으로부터 환율 조작국으로 지정될 가능성이 점점 커지고 있는 셈이다.

GDP 대비 높은 경상수지는 원화 가치가 상승하는 요인이 될 것이다. 2012년 이후 경상수지 흑자가 GDP 대비 3%를 초과했으며, 2018년에는 4.7%를 기록했다. 미국과 IMF는 이 수치를 과도한 수준으로 평가한다. 글로벌 금융위기 이후 원화 가치는 주요 경쟁국 통화에 비해 상대적으로 저평가된 측면이 있다. 2019년 5월 말 기준으로 위안화는 2007년 12월보다 5.4% 상승했고, 엔화는 3.1% 상승했다. 그런데 원화는 27.2% 하락했다.

이런 여건을 종합해볼 때 장기적으로 달러 가치가 하락하고 원화 가치는 상승할 가능성이 크다. 우리나라도 경제 상황이 나빠지면 원·달러 환율이 오르면서 달러 가치가 올라가지만 일시적인 현상일 뿐이다. 장기적인 흐름에서 보면 원화 가치는 오르고 달러 가치는 내려가는 추이를 보일 것이다. 바꿔 말하면 원·달러 환율은 1,000원 이하로 내려갈 가능성이 크다.

한국 경제가 좋아지고 수출이 잘 되면서 원화 가치가 오른다면 매우 좋은 일일 것이다. 경제 상황이 좋지 않은데 원·달러 환율이 하락하면 수출 경쟁력이 떨어지는 부작용이 일어날 것이다. 수출 의존도가 높은 우리나라는 엔화의 가치가 올라가면서 원·달러 환율이 상승할 때 높은 가격 경쟁력을 바탕으로 수출이 호조세를 보였다. 안타깝게도 고환율은 장기적으로 유지하기 어려워졌다.

한편으로 원·달러 환율 하락은 국내 증시에 긍정적인 영향을 주기도 한다. 달러 가치가 내려가면 한국 주가 지수가 방어되는 측면이 있다. 주가 지수가 더 크게 하락하는 것을 달러 가치 하락으로 막을 수 있다는 의미다. 외국인들이 한국에 투자할 때는 경제 성장, 기업의 펀더멘털, 수익 등을 중요하게 고려하지만 단기적으로는 환율의 영향을 크게 받는다. 원화 가치가 오르면 경기가 나쁘더라도 주식을 덜 팔게 된다. 그러면서 환차익을 노리고 들어오는 자금이 주식 시장에 긍정적인 요인으로 작용하는 것이다.

달러보다
금에 투자하라

승산 없는 달러 투자

경제위기 때마다 달러에 대한 관심이 커진다. 심지어는 2008년
미국에서 금융위기가 시작되었는데도 오히려 달러 가치가 오르는
현상이 벌어졌다. 달러는 기축 통화로서 안전 자산이기 때문이다.
경제 상황이 위험하게 느껴질 때는 투자자의 시선이 달러로 쏠리고
이에 따라 달러 가치가 올라간다.

우리나라에서도 경제에 악재가 생기면 원·달러 환율이 일시적으
로 상승하곤 한다. 그래서 2019년 하반기 이후 경제 침체기에 달러

에 투자해야 한다는 전문가들도 나타났다.

그러나 달러 투자는 효과적인 전략이라고 보기 힘들다. 기축 통화국이자 세계 경제의 큰손인 미국이 달러 약세를 유도하는 정책을 펼치고 있기 때문이다. 경제나 정치 상황에 따라 일시적으로 달러가 오를 수도 있지만, 전반적으로 약세로 갈 가능성이 크다.

금 가치 상승

달러 가치와 역의 관계에 있는 것이 금값이다. 금값은 달러로 표시된다. 그래서 달러 가치가 떨어지면 상대적으로 금 가격은 오르는 경향이 있다. 앞서 말했듯이 달러 가치는 더 떨어질 것이다. 그렇다면 금값의 추세적 상승을 예측할 수 있다.

금값은 달러 가치 이외에도 현금 유동성의 영향을 받는다. 현금 유동성이 높아질수록 금값이 오른다. 현금 유동성을 측정할 때 소득 가운데 얼마를 화폐로 가지고 있는지를 나타내는 이른바 '마셜의 K'를 지표로 사용하곤 한다. 통화량(M2)을 명목 GDP에서 나눈 값이다. 이 지표가 1% 상승할 때 금값은 1.5% 상승한다. 경제위기 극복 과정에서 전 세계 유동성이 증가 추세인 점은 금값 장기 상승의 요인으로 작용한다.

투자의 미래

달러 가치 하락과 금값 상승

(온스당 달러)　　　　—금(좌)　—달러 지수(우)　　　　(1997. 1=100)

자료 : 블룸버그

또한 중국이 금을 사들이면서 금값은 더 오를 전망이다. 중국은 외환 보유액 가운데 금이 차지하는 비율이 3%가 되지 않는다. 유럽 주요국 중앙은행의 65~70%에 비해 굉장히 낮다. 하지만 중국은 계속 금 보유를 늘리고 있다.

중국이 보유한 미국 국채를 팔면 1만 6,000톤 정도의 금을 살 수 있다. 미국이 보유한 금(8,100톤)의 2배에 이른다. 달러 가치가 떨어질 것으로 기대한다면 중국은 보유하고 있는 미국 국채 일부를 팔아 금을 살 수 있다. 여기다가 거품 상태에 있는 중국 부동산 가

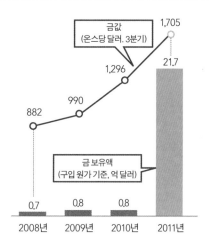

금값과 한국은행 금 보유액 추이

금값
(온스당 달러. 3분기)

1,705

21.7

1,296

990

882

금 보유액
(구입 원가 기준, 억 달러)

0.7 　 0.8 　 0.8

2008년 　 2009년 　 2010년 　 2011년

자료 : 한국은행, KB경영연구소

격이 떨어지면 중국 국민도 투자 수단으로 금을 찾게 될 것이다. 2008년 주가가 폭락한 이후 개인 자금이 주식에서 부동산으로 이동했던 것과 같은 현상이 발생할 가능성이 크다. 이러한 변화가 급하게 오면 금 가격은 폭등할 것이다.

앞으로는 금 투자를 늘리는 전략이 효과적일 것으로 판단된다. 금에 투자할 때는 부가가치세를 내면서 실물 금을 사기보다는 금 ETF에 투자하는 것을 추천한다. 금값 상승의 2배를 추종하는 레버

투자의 미래

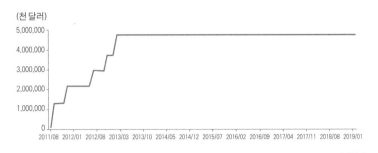

한국은행 금 보유액

(천 달러)

자료 : 한국은행 경제통계시스템

리지 ETF도 있으니 관심을 갖는 게 좋겠다.

금 투자 전략

금 시세에 대한 기술적 분석을 해보자. 금 시세의 바닥 구간은 2015년 12월경으로 온스당 1,000달러 초반의 시세였다. 그 후 4년 가까운 시간이 지나면서 50% 이상 상승했다. 4년 만에 50% 상승을 했는데 추가 상승 여력이 있다는 데 의문을 갖는 분도 있을 것이다.

그러나 금 시세가 2020~2022년 글로벌 주가 하락과 맞물린다면 지금보다 적게는 30%, 많게는 50%에 가까운 상승 추세가 남아 있다고 판단된다. 기술적 분석 전문가가 보기에 금융위기와 글로벌 증

금 시황(골드퓨처스 COMEX)

시 하락 추세 속에서 안전 자산의 대표 주자인 금이 상승 에너지를 모으면서 상승을 이끌어갈 것이라는 흐름이 차트 속에 녹아 있음을 발견하게 된다.

2019년 하반기가 금을 효과적으로 살 수 있는 마지막 타이밍으로 보인다. 2020년 중에 2012년의 고점 부근이었던 온스당 1,800달러 내외까지 상승하리라 예측한다.

온스당 1,800달러까지 올라가면 상승 피로감으로 살짝 쉬어가는 흐름은 있을 수 있지만, 다시 상승 추세로 돌아서면서 온스당 2,000달러를 돌파하며 상승 피날레를 보여줄 것이라 생각한다.

2021년을 넘어서 2022년 상반기에 접어드는 구간에는 금값이 상승 추세에서 하락 추세로 돌아서며 글로벌 증시의 상승장에 들어설 것이다. 이 시점부터 하락 추세로 빠르게 바뀔 것으로 보인다.

정확한 금 시세를 맞출 수는 없겠지만 앞서 설명한 흐름으로 금 시세가 움직일 가능성이 크다. 독자 여러분은 또는 투자자들은 이런 기회를 적극적으로 활용해 금을 중요한 투자 포트폴리오로 고려하기 바란다.

유럽 경제 전망과
투자 전략

멀고 먼 통합의 길

글로벌 금융위기 이후 유로존 경제는 미국보다 느리게 회복되었다. 2008년 2분기의 GDP를 100으로 잡고 2019년 2분기 GDP와 비교하면 미국은 120.8, 유로존은 108.4다. 금융위기 이후 미국 실질 GDP가 20.8% 성장하는 동안 유로존은 8.4% 성장한 것이다. 미국 경제가 탄력적이라면 유럽 경제는 탄력성이 떨어지는 모습을 보인다. 회복은 되었지만, 그 속도가 더디다.

블룸버그 컨센서스를 참고로 유럽 경제 전망을 살펴보자. 유

유로존 주요 경제지표 추이와 전망

(단위 : %)

구분	2014	2015	2016	2017	2018	2019	2020	2021
GDP 성장률	1.4	2.1	2.0	2.4	1.9	1.1	1.1	1.2
소비자물가	0.4	0.2	0.2	1.5	1.8	1.3	1.3	1.6
실업률	11.6	10.9	10.0	9.1	8.2	7.7	7.5	7.4
경상수지/경상GDP	2.5	2.9	3.2	3.2	2.9	3.0	2.8	2.8
재정수지/경상GDP	-2.5	-2.0	-1.6	-1.0	-0.5	-1.0	-1.1	-1.0
기준 금리(말)	0.05	0.05	0.00	0.00	0.00	0.00	0.00	0.05
달러/유로	1.21	1.09	1.05	1.20	1.15	1.12	1.17	1.20

자료 : 블룸버그(2019. 9. 2)

로존은 2017년 2.4% 성장을 정점으로 2018년에는 경제 성장률이 1.9% 낮아졌고, 2019년 이후에는 1%대 초반일 것으로 예상된다. 경제전문가들이 경제 성장률을 전망할 때 상승 국면에서 높게 전망하고 하강 국면에서는 낮게 전망한다. 실제 경제 성장률은 예측보다 더 낮아질 가능성이 크다.

유럽 경제 문제의 근본적인 해결책은 재정 통합이다. 그러나 이 과정은 매우 오래 걸릴 것이다. 1991년 헬무트 콜 당시 독일 총리는 "정치 통합 없는 재정 통합은 허공에 쌓은 성과 같다"고 뼈아픈 지

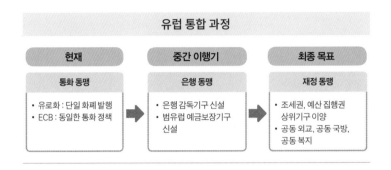

유럽 통합 과정

현재	중간 이행기	최종 목표
통화 동맹	**은행 동맹**	**재정 동맹**
• 유로화 : 단일 화폐 발행 • ECB : 동일한 통화 정책	• 은행 감독기구 신설 • 범유럽 예금보장기구 신설	• 조세권, 예산 집행권 상위기구 이양 • 공동 외교, 공동 국방, 공동 복지

적을 했다. 이것은 현재 유럽이 처한 상황을 잘 말해준다.

독일과 그리스는 국가 경쟁력, 노동 생산성 등에서 차이가 아주 크다. 그런데 두 나라는 통화와 환율, 금리 체제가 똑같다. 그리스는 경제 사정이 매우 나빠졌는데 그것이 환율이나 금리에 탄력적으로 반영되지 않았다. 드라크마가 아니라 유로화를 통용하고 있기 때문이다. 만약 그리스가 드라크마를 쓰고 있다면 통화 가치가 떨어져 관광객 유입이 훨씬 더 늘어나는 등의 효과가 생겼을 것이다. 하지만 그리스는 자국 상황에 따라 조정할 수 없는 유로 체제에 있다. 뼈를 깎는 구조조정을 진행하지도 못했다.

'형제가 가난하면 호랑이보다 더 무섭다'는 옛말이 있다. 유럽 경제의 현실이 이 말과 맞아떨어진다. 독일은 그리스의 상황을 보면서 깊이 고민했을 것이다. 2012년 앙겔라 메르켈 총리는 유로존에서 그리스 탈퇴를 유도하는 것과 그리스·아일랜드·키프로스·스페인·포르투갈 5개국의 탈퇴를 유도하는 2개 안을 신중히 검토했던 것으로 알려졌다. 그런데 2012년에 유럽연합EU이 노벨 평화상을 받았다. 1~2차 세계대전으로 4,300만 명이 전쟁으로 목숨을 잃는 상황을 국가 간 연합으로 종식시켰다는 게 수상 이유였다. 국제 분위기가 이렇게 흘러가자 메르켈 총리의 구상은 실행되지 못했다.

그 당시 그렉시트라는 말이 나오고 주가가 출렁거렸다. 지금은 그렉시트란 말이 사라졌지만, 그렇다고 그리스의 경제 상황이 좋아진 것은 아니다. 잠시 수면 아래로 내려갔을 뿐이다. 세계 경제 상황에 따라 언제든 다시 떠오를 수 있다.

EU의 장기 목표는 재정 동맹이다. 현재는 통화 동맹이다. 유로화라는 단일 통화를 쓰며 ECB의 통화 정책을 공유한다. 앞으로 은행 동맹이라는 과도기를 거쳐 재정 동맹으로 진행한다는 계획이다. 미국연방처럼 조세권, 예산 집행권을 이양하고 공동 외교와 공동 국방, 공동 복지를 해야 진정한 동맹이 성립될 수 있다.

하지만 재정 동맹으로 가는 길은 너무나 멀어 보인다. 유로 정상회담, 재무장관 회담 등의 노력을 하고 있지만 합의점을 찾지 못하고 있다. 물론 구체적인 행동도 없다. 유로 경제는 울퉁불퉁한 비포장도로를 운전하는 듯한 느낌을 준다.

유럽 경제가 글로벌 금융위기 여파에서 회복된 것은 사실이지만 언제든 다시 나빠질 뇌관을 안고 있다. 이런 상황에서 영국이 브렉시트를 두고 혼란에 빠진 것도 유럽 경제 전체에 불투명성을 더해주고 있다.

유럽의 중심 국가인 독일 경제가 침체 상황이다. 일본과 독일의 국채 수익률을 비교했을 때 독일이 더 낮은 모습을 보였다. 그만큼 독일 경제가 어렵다. 독일의 제조업, 특히 자동차 산업의 매출이 급감하면서 경제 규모가 상당히 축소되고 있다. 이런 부진은 세계 경제가 침체될 때 더 심해질 것이다.

그러나 글로벌 경기가 바닥을 찍고 상승할 때는 신규 수요가 생길 것이다. 경기가 좋아지면 더 좋은 차를 구매하려는 사람이 늘어나는 등 전 세계 소비자의 수요가 증가하기 때문이다.

독일은 미국 증시와 동조화하는 경향이 강하다. 실제 경제가 좋아지지 않더라도 미국 증시가 턴어라운드하는 시기에 맞춰 증시가 상승할 수 있다. 2019년 말 이후 주가 하락 폭은 40~50%로 예측된다. 글로벌 증시 중에서 하락 폭이 깊을 것이다. 다른 유럽 국가들도 대부분 독일과 비슷한 모습을 보일 것이다.

독일 증시 전망

독일 주가 지수는 유럽의 대장 지수라고도 할 수 있다. 하지만 대장이라는 말이 무색하게도, 독일은 국채 10년물 금리가 2019년 8월 25일 기준 −0.719%를 기록했다.

그 밖의 여러 경제지표 가운데 독일 제조업 구매 관리자 지수 지표는 2019년 2월을 마지막으로 계속 50 이하에 위치해 있다. 독일 제조업은 자동차를 선두로 가장 강력한 경쟁력을 가지고 있다. 그런데도 제조업 지표가 오랜 기간 좋지 않다는 것은 글로벌 경제가 나쁘다는 중요한 지표라고도 할 수 있다.

차트는 글로벌 증시의 대장 지수인 다우 지수 차트 흐름과 비슷한 하락 추세 구간을 만들고 있다. 2018~2019년까지 이어지는 하락 추세 라인을 순간적으로 돌리는 모습이 나오기는 했으나, 2011년에 위치했던 6,000~8,000포인트 지수 구간으로 시장은 40% 이상의 하락 파동을 보여줄 것이라고 예상한다.

이 책의 목적이 기술적 분석의 노하우를 전하는 것이 아니므로 독일 증시 전망과 관련한 간략한 결론만 맺고자 한다. 우선 글로벌 증시를 거시적으로 봤을 때 경제지표가 좋지 않으므로 미국과 일본, 선진국 증시에 거품이 많이 낀 상태임을 주의하기 바란다. 기술

독일(GR#DAX) 주가 지수

적으로 이런 하락 자리가 열려 있음을 볼 수 있다.

바람직한 투자 포지션은 보수적으로 접근하는 것이다. 하락 추세 라인이 마무리되는 2020년 상반기 이후부터 장기적으로 투자한다면 좋은 기회를 잡을 수 있을 것이다. 유럽 증시에 대한 투자 기회는 앞서 말했던 독일 경제의 기압계인 독인 제조업 지표가 50 이상으로 돌아서는 구간으로 보인다.

투자의 미래

일본 경제 전망과
투자 전략

순탄치 않은 디플레이션 탈피

일본 경제는 1990년대 들어서면서 거품이 붕괴되고 20년 이상 디플레이션 함정에 빠졌다. 2012년 이후에는 '아베노믹스'를 통해 적극적 재정과 통화 정책으로 디플레이션 탈피를 도모해왔다. 그 결과 2014년 이후 GDP 디플레이터가 상승하고 경기가 개선되었다.

하지만 일본 경제가 제대로 회복되었다고 보기는 힘들다. 일본은 '잃어버린 20년'이 진행되는 동안 글로벌 금융위기를 겪었는데 그 회복 속도가 매우 느렸다. 2008년 2분기에서 2019년 2분기 동안 미국

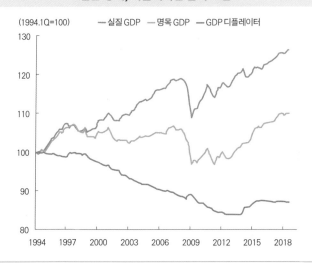

일본 경제, 디플레이션 탈피 조짐

(1994.1Q=100) ── 실질 GDP ── 명목 GDP ── GDP 디플레이터

자료: 일본 내각사무처

이 20.8% 성장할 때 일본은 7.2% 성장(이상 실질 GDP 기준)하는 데 그쳤다. 전문가들은 2020년 이후 경제 성장률이 0%대에 그칠 것으로 내다보고 있다. 일본이 디플레이션에서 정말 탈피했는지에 대한 의문이 생기는 시점이다. 그리고 경제 상황에 따라서 과도한 국가 부채도 문제가 될 수 있다.

2019년 10월에는 소비세가 인상된 후 소비 증가세가 크게 둔화될 것이다. 2019년 하반기에는 일본 중앙은행이 미국보다 더 많은 돈

투자의 미래

주가, 명목 GDP와 같이 변동

— 니케이 225(좌) — 명목 GDP(우)   (조 엔)

자료 : 블룸버그

을 풀고 있는데 엔화 가치가 상승하고 있다. 소비에 이어 수출도 줄어들 가능성이 높아지고 있다. 조만간 '아베노믹스가 실패했다'는 말이 나올 수 있다는 것이다.

2018년 일본 GDP가 세계에서 차지하는 비중이 5.9%로 일본은 미국, 중국에 이어 세계 3위의 경제대국이다. 그러나 1994년 17.7%를 정점으로 그 비중이 세계에서 가장 빨리 하락한 국가다. 일본 GDP 대비 한국 GDP는 1994년 9.3%에서 2018년에는 32.6%로 크게 증가했다. 한일 경제전쟁의 한 이유이기도 하다.

일본의 주요 경제지표 추이와 전망

(단위 : %)

구분	2014	2015	2016	2017	2018	2019	2020	2021
GDP 성장률	0.4	1.3	0.6	1.9	0.8	1.0	0.4	0.9
소비자물가	2.7	0.8	-0.1	0.5	1.0	0.7	1.0	0.9
실업률	3.6	3.4	3.1	2.8	2.4	2.4	2.4	2.4
경상수지/ 경상GDP	0.8	3.1	3.9	4.0	3.5	3.3	3.3	3.4
재정수지/ 경상GDP	-5.4	-3.6	-3.4	-3.7	-3.2	-3.5	-3.0	-2.8
기준 금리(말)	0.10	0.00	-0.10	-0.10	-0.10	-0.10	0.00	0.00
국채(10년, 말)	0.33	0.27	0.05	0.05	0.00	-0.15	-0.03	0.03
엔/달러	119.8	120.2	117.0	112.7	109.7	105.0	103.0	105.0

자료 : 블룸버그(2019. 9. 2)

일본 증시 투자 포인트

일본은 현재 잃어버린 20년 이후에 저점 대비 기술적 반등을 했지만 큰 박스 형태에서 밑으로 처지는 모습이다. 임박한 세계 경제 위기가 끝난 후 글로벌 증시가 우상향하는 시점이 되더라도 일본 주식에 대한 투자는 보수적 관점을 취하는 게 바람직하다. 가중치를 매기자면 미국, 중국, 한국 다음 순위다. 한국보다 약간 못하거나 비슷한 수익률을 기대할 수 있을 것이다.

일본 증시는 2019년 하반기부터 본격적인 하락을 시작하여

2019년 말부터 2020년 상반기 사이에 급락 구간을 맞이할 것으로 보인다. 그러다 글로벌 증시가 상승할 때 동조화 현상을 나타낼 것이다.

2019년 말부터 2020년 사이에 일본은 20~30% 정도의 하락률을 보일 것이다. 주가가 많이 내려가는 데 비해 반등은 크지 않아 전 고점 선까지 상승하리라 보인다. 저점에서 50%가량 오르는 수준이다. 같은 기간 중국 증시의 상승률을 300% 예상하는 것과 비교하면 기대 수익률이 낮다.

일본의 아베 신조 총리는 오랜 시간 지속된 디플레이션 탈출을 목표로 아베노믹스를 뚝심 있게 밀어붙였다. 2012년부터 과감한 금융 완화와 재정 지출 확대 정책을 펼쳐왔다. 이 정책의 결과에 대해 장기적으로는 회의적인 시각이 많다. 하지만 단기적으로 일본 증시를 가파른 우상향으로 이끈 것은 사실이다.

아베노믹스로 인해 일본의 부채는 2018년 12월 말 기준 약 1,100조 엔(약 1경 2,000조 원)에 달하게 되었다. 부채 총액은 점점 더 증가하고 있다. 어느새 일본 경제의 시한폭탄이 되었고 앞으로 발목을 잡을 가능성이 크다.

이와 맞물려 글로벌 경제 하락이 시작되면서 일본 증시도 2019년 겨울부터 2021년 상반기까지 이어지는 흐름에서 고점 대비 30~

40% 이상의 하락은 불가피할 것으로 보인다.

차트에서 기술적 구간을 표시했는데 2016년에 박스 형태로 있었던 15,000~17,000포인트 구간을 위협하는 하락이 예상된다. 2020년 상반기를 지나 후반기부터 바닥을 확인하는 모습이 나오고, 2022년까지는 큰 추세로 우상향하는 흐름도 나올 것으로 보인다.

일본 증시는 다른 나라의 주가 지수와 달리 견조한 흐름을 보이고 있어 30%에 가까운 상승이나 하락은 나타나지 않을 것으로 분석된다. 2020년 상반기부터 니케이225 지수를 추종하는 일본 인덱스 펀드에 투자하는 것도 일본 시장에 투자하는 데 좋은 방법이라고 생각한다.

신흥국
투자 전략

신흥국 중에서는 인구가 많고 젊은 층의 비중이 큰 베트남, 인도네시아, 인도 등의 국가를 주목할 필요가 있다. 이 나라들의 증시는 2019년 하반기 이후 세계 경제 침체기에 고점 대비 40~50% 하락할 것으로 예측된다. 이후 세계 경제가 회복될 때 큰 상승을 보일 것이다.

하지만 이미 성장 기대가 반영되어 선행해서 상승한 측면이 있다는 점을 염두에 두는 게 좋겠다. 따라서 중국에서 거둘 수 있는 기대 수익보다는 조금 낮을 것이다.

적극적인 부동산 투자자는 국내 시장을 넘어 해외 부동산에 관심을 둘 수 있다. 투자에 관심이 많은 강남 직장인들 사이에서 2019년 들어 베트남 부동산 정보를 교환하는 일이 잦아졌다. 경제와 인구 구조 면에서 성장 잠재력이 크기 때문이다. 우리나라에서 일어났던 부동산 급등이 재현될 가능성도 크다.

베트남 투자 전략

베트남 지수는 글로벌 증시 흐름에서 가장 이상적인 패턴을 만들어가고 있다. 2016~2018년 최고치까지 130% 이상 상승을 보여주기도 했다. 개별 종목이 아닌 국가 지수가 130% 이상 상승하는 것은 신흥국 지수에서만 볼 수 있는 특이한 현상이다.

베트남 증시는 글로벌 증시의 하락이 본격적으로 시작될 때 독불장군처럼 혼자 올라가지는 못할 것이다. 그렇다면 동반 하락할 것인가? 그렇게 보기 어렵다.

베트남 지수의 흐름은 2018년 7월을 시작으로 2018년 12월까지 이어지는 하락 추세 라인이 있다. 그 라인에서 하락 끝자락까지 내려간다고 해도 약 15% 하락 구간이 열려 있다고 볼 수 있다. 선진국 증시는 20~30%의 하락 구간이 열려 있는데 베트남 지수는 10~15% 정도의 하락 구간이 기술적으로 분석된다. 글로벌 증시가

베트남 주가 지수

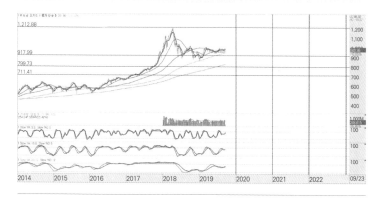

전체적으로 좋아지며 바닥이 나오는 2021년 상반기에는 베트남 지수가 다른 지수보다 더 크게 올라갈 가능성을 기대하고 투자를 고려하는 게 좋겠다.

인도 투자 전략

인도 SENSEX 지수는 글로벌 지수의 어떤 흐름보다 견조한 흐름을 보이고 있다. 글로벌 증시에 연이은 악재가 터진다 해도 이런 차트 패턴에서는 20% 이상의 하락은 예상하기 어렵다. 기술적 추세 하단 구간은 10~15% 하락 구간이 열려 있으며 이 또한 하락한다

해도 빠르게 회복되리라 예측한다.

주식 종목을 정한다면 이러한 차트 패턴에 집중하는 것도 도움이 될 것이다. 보통 이렇게 꾸준하게 우상향하는 차트의 종목은 실적이 따라주고 외국인 기관 수급이 꾸준하게 따라와줄 때 나타나는 모습이다.

인도 지수는 글로벌 위기 이후 베트남 지수에 이어 우리 투자자들이 관심을 갖고 지켜봐야 할 지수다. 전략은 이렇다. 2020년 상반기부터 인도 지수에 투자되는 인덱스 펀드에 정액 적립식으로 3년 정도 투자한다면 보수적으로 생각해도 은행 금리의 5배 이상 수익을 기대해볼 수 있다.

　중요 지수 라인으로는 2015년 상반기부터 2016년 상반기까지 이어지는 추세 라인의 끝자락인 32,500~35,000포인트 구간이 적극적 공략 구간으로 보인다. 글로벌 증시 악재로 인한 전체적인 하락장에서는 거치식으로 공략하기보다 정액 적립식으로 분할 매수해야 한다는 점을 잊지 않기를 바란다.

4장

한국 경제 혁신과
재도약의 길

강흥보 한국 경제의 활력이 많이 떨어져 있습니다. 미래를 어떻게 보고 준비해야 할까요?

김영익 한국은 구조적 저성장 장벽에 막혀 있습니다. 잠재 성장률을 높일 방안을 찾아야 합니다. 대신 잠재 성장률을 제고하기 위해서는 사회적 대통합을 통한 생산성 향상이 절대적으로 요구되는 시기입니다. 단기적으로는 우리 경제가 잠재 능력 이하로 성장하고 있기 때문에 적극적 재정 및 통화 정책으로 수요를 부양해야 합니다. 또한 남북 평화가 돌파구가 될 수 있을 것입니다. 앞으로 투자자들은 한국뿐 아니라 세계 전체로 눈을 넓히는 태도가 필요할 것이라 봅니다.

저성장의
벽을 깨라

한국 경제, 구조적 저성장의 늪에 빠지다

한국 경제의 부진과 침체가 계속되고 있다. 이것이 경기 흐름상의 일시적인 불황이 아니라 근본적이며 구조적인 문제라는 점에서 안타까움을 주고 있다. 가장 암담한 문제는 잠재 성장률이 계속 떨어지는 데 있다. KDI는 3% 정도인 잠재 성장률이 2021~2025년에는 2.5%, 2026~2030년에는 1.8%로 낮아질 것으로 전망하고 있다. 잠재 성장률을 결정하는 노동 증가세가 둔화되다가 2026년 이후에는 감소세로 전환하고, 기업들이 이미 높은 자본 스톡을 보유하고 있으므로 자본 증가세도 둔화될 것이기 때문이다.

잠재 성장률에 영향을 주는 총요소생산성은 하루아침에 증가하지 않는다. 한국의 경제 성장률은 1980년대 10%에서 1997년 외환위기 이후 5% 안팎으로 떨어졌고, 이제 3%만 성장해도 잘 하는 시대가 되었다.

경제 성장 기대치를 선명하게 보여주는 지표는 금리다. 2019년 5월 한국의 10년 만기 국고채 수익률은 1.74%로 한국은행 기준 금리인 1.75% 밑으로 내려갔다. 10년 후의 경제 성장률이 2% 이하로 떨어질 것임을 선반영하고 있다.

한국 경제, 폐허에서 고성장으로

이제 구조적 저성장이라는 장벽을 뚫고 나올 돌파구를 찾아야만 한다. 그러려면 한국 경제의 현주소를 정확히 진단하고 이러한 현실 인식을 바탕으로 바람직한 진행 방향을 찾는 게 순서다.

우리가 딛고 서 있는 현실을 파악하기 위해 한국 경제의 지나온 날을 돌이켜보자. 한국 경제는 일제 강점기와 전쟁의 폐허 위에서 시작되었다. 1950년대 한국은 세계 최빈국 가운데 하나였다. 국제 원조로 연명하던 시기, 한국에서 산업이 성장하고 부가 형성되는 것을 예측하는 사람은 매우 드물었다. 1인당 국민소득은 100달러가 되지 않았다. 1960년대를 거치며 상황이 조금 나아지긴 했지만 가난을 벗어나지 못했다. 먹고사는 문제조차 해결하지 못한 상황이었다.

1인당 국민소득이 세 자릿수를 기록한 것은 1977년이다. 이때 1,000달러를 갓 넘어섰다. 이 시기부터 한국 경제는 고속 성장의 길에 진입했다. 1988년까지 실질 GDP가 연평균 10% 성장했다. 한국의 모든 자원은 경제 성장에 투입되었다. 성장 과정에서 행운도 따라줬다. 1980년대 중후반의 '3저 호황'은 한국 경제의 엔진을 가동시킨 연료가 되었다. 저금리, 저유가, 저달러(엔고)는 수출 주도형인 한국 경제 성장의 규모를 키우고 속도를 더욱 빠르게 했다.

1980년 중후반에는 일자리가 넘쳐났다. 전쟁 후 태어난 베이비붐 세대가 이 일자리를 채우며 열심히 일했다. 물건을 만들면 팔려나갔고 기회가 풍부했다. 성장의 여력이 컸기에 치열하게 경쟁하며 앞을 보며 달릴 수 있었다. 마침내 한국의 1인당 국민소득이 1만 달러를 넘어섰다. 1996년 일이다.

하지만 고속 성장의 부작용이 한국 사회에 짙게 드리웠다. 앞만 보고 달리느라 주위를 살필 겨를이 없었던 탓이다. 기업과 은행에는 부실이 쌓였다. 연평균 10% 이상의 고성장이 영원히 계속될 것처럼 여겼고 제품을 만들기만 하면 모두 팔리는 호황이 이어질 것이라 착각했던 것이다. 대기업 중심으로 투자를 늘렸고, 그 과정에서 부채가 불어났다. 하지만 1990년대에 접어들면서 제품 판매가 부진을 겪기 시작했다. 이에 따라 기업들이 부실해졌으며 기업에 돈을 빌려준 은행도 연쇄적으로 부실해졌다.

내부에 부실을 쌓은 것을 심각하게 여기지 않았기에 자본 시장을 외국인에게 개방하고 신자유주의 대열에 합류했다. 1996년 선진국 클럽으로 불리는 OECD에 가입했다. 하지만 선진국의 자본은 냉혹하기 그지없었다. 한국 경제를 낙관적으로 전망하면서 유입되었던 자본이 위기 징후가 드러나자 썰물처럼 빠져나갔다. 그 결과 한국에는 달러가 바닥났고 결국 1997년 IMF로부터 구제 금융을 받는 외환위기 상황을 맞았다.

IMF는 구제 금융의 조건으로 혹독한 구조조정을 요구했다. 부실한 기업들이 문을 닫았고 가능성이 있는 기업들은 헐값에 팔려나갔다. 은행불사, 대마불사의 신화도 깨졌다. 대기업과 은행도 몰락을 피할 수 없었다. 이 과정에서 수많은 사람이 일자리를 잃었다. 혹독한 시련과 고통이었다.

하지만 IMF 주도의 구조조정 과정은 역설적으로 한국 경제의 체질을 건강하게 바꾸었다. 산업과 거래의 투명성이 높아졌고 구조조정을 감내하며 혁신을 이룬 일부 대기업들은 글로벌 경쟁력을 갖추

투자의 미래

게 되었다. 5% 안팎의 경제 성장률을 기록하며 고성장의 신화는 깨졌지만, 내실 있는 안정 성장의 길로 접어들었다. 주가도 회복되었다. 277포인트까지 떨어졌던 코스피 지수는 2,000포인트를 돌파하기도 했다.

경제위기 후 형성된 저성장 구조

IMF 구조조정의 후폭풍이 한국 사회의 암울한 모습을 만들어 냈다. 양극화라는 어두움이 스며들기 시작했다. 종신 고용 체제가 무너지며 수많은 사람이 고용 불안에 시달렸다. 기업의 일자리가 줄어들고 직장을 떠난 사람 가운데 상당수가 자영업 창업을 선택했다. 1998년에는 전체 취업자 가운데 자영업자 비율이 30% 가까이 올라갔다. 갈수록 극심한 경쟁에 노출된 자영업이 마주한 현실은 가혹했다. 1998~2007년 기업의 영업 이익은 연평균 10.3% 증가했지만, 자영업의 이익은 2.9% 늘어나는 데 그쳤다. 국내 자영업의 열악한 현실을 보여주는 지표다.

IMF 외환위기 이후 한국 경제의 큰 변화 가운데 하나는 실물경제에 비해서 돈이 많아졌다는 것이다. 이른바 마셜 K(=총통화(M2)/경상 GDP)가 빠른 속도로 증가했다. 구조조정을 끝낸 기업들의 이익이 늘어났지만 상대적으로 투자를 줄였기 때문이다.

기업이 은행에서 돈을 빌려 쓰는 비중이 줄어들었다. 1997년에는 은행 돈의 70%가 기업으로 가고 나머지 30%는 가계로 갔다. 그런데 2006년에는 기업대출과 가계대출 비중이 각각 48%와 52%로 역전되었다.

외환위기 때 20%를 넘었던 은행대출금리는 6~7%로 떨어졌다. 은행은 기업 자금 수요가 부진해지자 가계대출을 늘렸다. 가계는 저금리 자금을 쓸 기회가 찾아오자 대출을 늘렸다. 그리고 이 자금으로 소비를 늘렸다. 어떤 사람은 더 큰 아파트를 샀고, 어떤 사람은 주식 투자에 손을 댔다.

그러면서 가계대출이 급속도로 증가했다. 자금 잉여 주체였던 개인은 2002년에는 5조 원 정도의 자금 부족 주체로 바뀌었다. 그 이후로도 가계 부채는 계속 늘었다. 2019년 6월 기준 한국의 가계 부채(가계 신용 기준)는 1,556조 원을 넘어서면서 한국 경제의 뇌관이 되었다. 가계 부채 비율(처분가능소득 대비 부채)은 159.1%이고 100만 명 이상이 부채를 상환할 수 없는 심각한 상황이었다.

2008년 한국 경제에 또 한 번의 시련이 찾아왔다. 미국에서 시작된 글로벌 금융위기 여파가 전 세계로 번졌다. 수출 주도로 성장한 한국 경제에 큰 타격을 줬다. 이명박 전 대통령은 선거 공약으로

'747'을 제시했는데, 앞의 '7'은 경제 성장률 7%를 달성하겠다는 것이었다. 그러나 집권 기간의 연평균 경제 성장률은 3.2%로 목표의 절반에도 미치지 못했다.

한국의 경제 성장률은 계속 낮아지고 있다. 경제 성장률이 낮아지면서 매년 커지던 경제 규모도 줄어들 것이다. 이를 나눠 갖는 과정에서 경쟁력 있는 기업은 더 가져가고 그렇지 못한 기업은 시장에서 퇴출될 전망이다. 산업은 존재하지만 그 산업 내의 기업체 수는 줄어들 것이라는 의미다. 이 과정에서 1955~1963년생 사이의 1차 베이비붐 세대가 직장을 먼저 떠날 것이다.

수명은 길어졌는데, 베이비붐 세대는 노후를 충분히 대비하지 못했다. 이들 세대가 가지고 있는 평균 자산이 2015년 기준으로 3억 2,000만 원 정도다. 서울은 5억 1,000만 원으로 전국 평균보다 높다. 그러나 KB국민은행의 시세 조사에 따르면 서울 아파트 중간 가격이 2019년 8월 기준 8억 5,000만 원이다. 집값 상승에 따라 베이비붐 세대의 자산 가치도 늘어났겠지만, 이들은 그저 아파트 한 채 소유하고 있는 셈이다.

그들이 교육에 아낌없이 투자했던 한두 명의 자녀들이 이제 갓 직장에 들어갔거나 직장을 찾고 있다. 몇 군데 회사에 동시 합격해 은퇴를 준비하는 부모에게 기쁨을 주는 자녀도 있지만, 상당수는

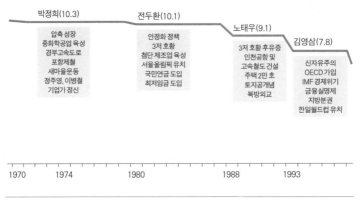

대통령 재직 기간 중 연평균 경제 성장률과 주요 경제정책

(집권 기간 중 연평균 경제 성장률, %)

박정희(10.3)

압축 성장
중화학공업 육성
경부고속도로
포항제철
새마을운동
정주영, 이병철
기업가 정신

전두환(10.1)

안정화 정책
3저 호황
첨단 제조업 육성
서울올림픽 유치
국민연금 도입
최저임금 도입

노태우(9.1)

3저 호황 후유증
인천공항 및
고속철도 건설
주택 2만 호
토지공개념
북방외교

김영삼(7.8)

신자유주의
OECD 가입
IMF 경제위기
금융실명제
지방분권
한일월드컵 유치

1970   1974   1980   1988   1993

* 전두환의 경우 1980년은 제외, 문재인은 전망치
자료 : 한국은행, 김영익금융경제연구소

일자리를 찾지 못해 졸업 학기를 연장하고 있다.

2019년 4월 청년(15~29세) 실업률은 11.5%로 사상 최악을 기록했다. 청년 실업자가 50만 7,000명으로 전체 실업자 124만 명의 41%를 차지하고 있다.

안타깝게도 우리가 마주한 상황은 결코 녹록한 것이 아니다. 경제 성장은 더디기만 하고 가계와 개인의 부채는 늘어만 간다. 기업 역시 양극화 문제가 심각하다. 그렇다면, 우리가 할 수 있는 일은 무엇일까? 우리는 어떻게 대응해야 할 것인가?

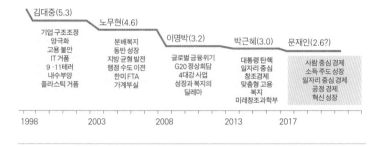

대통령 재직 기간 중 연평균 경제 성장률과 주요 경제정책

(집권 기간 중 연평균 경제 성장률, %)

김대중(5.3)

기업 구조조정
양극화
고용 불안
IT 거품
9·11테러
내수부양
플라스틱 거품

노무현(4.6)

분배복지
동반 성장
지방 균형 발전
행정 수도 이전
한미 FTA
가계부실

이명박(3.2)

글로벌 금융위기
G20 정상회담
4대강 사업
성장과 복지의
딜레마

박근혜(3.0)

대통령 탄핵
일자리 중심
창조경제
맞춤형 고용
복지
미래창조과학부

문재인(2.6?)

사람 중심 경제
소득 주도 성장
일자리 중심 경제
공정 경제
혁신 성장

1998   2003   2008   2013   2017

잠재 성장률을 제고하라

대통령 선거가 있을 때마다 경제 성장률을 높이겠다는 공약이
나온다. 희망찬 선언과 달리 대통령이 바뀔 때마다 경제 성장률이
단계적으로 낮아지고 있다. 박정희와 전두환 정부 때 연평균 10%를
기록했던 경제 성장률이 김영삼 정부에서는 7.8%로 낮아졌다. 그
후 외환위기를 겪으면서 김대중 정부 시기에는 5.3%로 떨어졌고, 이
명박 정부에서는 3.2% 성장하는 데 그쳤다.

경제 규모가 커질수록 경제 성장률이 낮아지는 것은 당연하다.

하지만 한국 경제는 계단식으로 너무 빨리 내려오고 있다는 점이 심각하다. 박근혜 정부는 잠재 성장률을 4%로 올리겠다는 목표를 제시했지만, 더 떨어진 3.0%를 기록했다. 문재인 정부는 소득 주도 성장과 혁신 성장을 내세우면서 경제 성장 계단을 올리겠다는 비전을 가지고 있지만, 현실적으로 볼 때 오히려 또 한 단계 내려갈 가능성이 크다.

한국 경제의 최대 과제는 잠재 경제 성장률을 높이는 것이다. 잠재 성장률을 결정하는 요소는 노동, 자본, 총요소생산성이다. 이 중에서도 노동력이 가장 중요하다. KDI에 따르면 2026년 이후에는 노동이 감소하면서 잠재 성장률이 떨어질 전망이다. 외국인 노동자유입을 제외하면 인구 구조는 이미 '주어진 것'이다. 이러한 인구 구조 내에서 노동력을 늘릴 수밖에 없다. 우선적으로 여성의 노동력을 적극 활용해야 한다.

여성의 경제 활동 참가율은 남자보다 훨씬 낮다. 2019년 5월 기준으로 경제 활동 참가율(15세 이상 인구 가운데 경제 활동 인구)이 남자의 경우 73.2%이나 여성은 52.0%로 훨씬 낮다. 특히 가장 왕성해야 할 30~39세 여성의 경제 활동 참가율은 56.9%로 낮은 수준이다. 바로 육아 때문이다.

건강보험공단에 따르면 2015년 한 해 초등학교 1~3학년 자녀를

둔 20~40대 직장 여성 3만 1,789명이 회사를 그만둔 것으로 나타났다. 학교나 회사에서 이 초등학생들을 보살펴 여성이 일을 계속할 수 있도록 해야 한다. 더불어 직장을 은퇴하는 1차 베이비붐 세대가 육아 도우미 역할을 해주면 여성 노동력 활용으로 잠재 성장률 둔화 속도를 어느 정도 완화시킬 수 있다.

그러나 이미 인구 구조는 주어졌으므로 노동 증가를 기대하기는 쉽지 않다. 그렇다면 기업 투자가 증가하거나 생산성이 향상되어야 한다. 전 세계 경제가 초과 공급을 해소하려고 구조조정을 해야 하는 시기에 한국 기업만 투자를 늘릴 수는 없는 노릇이다. 그렇다면 잠재 성장률을 올리는 방법은 총요소생산성을 향상시키는 것 외에 묘수가 없다. 노사 간, 나아가서는 국민적 차원에서 대타협을 이뤄야 하는데 각 경제 주체 간 이해관계 차이로 이마저도 쉽지 않다.

소득 차별화 극복이 관건

경제 성장률이 낮아지면서 경제 주체 간 혹은 경제 주체 내의 소득 차별화가 심화되고 있다. 국민소득이 생기면 그 소득을 개인, 기업, 정부 등 경제 주체가 나눠 갖는다. 한국은행 국민계정 통계에 따르면 1997년과 2008년 국내외 경제위기를 겪으면서 가계는 상대적으로 가난해지고 기업은 부자가 된 것으로 나타났다.

국민소득 가운데 개인 몫이 1997년 경제위기 이전에는 71% 정도였는데, 2008년 이후로는 62%(2017년 61.3%)로 낮아졌다. 이와 달리 같은 기간 동안 국민소득 가운데 기업 비중은 17%에서 25%(2017년 24.7%)로 높아졌다. 여기서 기업 비중은 금융 기업(3.1%)과 비금융 기업(21.6%) 몫을 합한 것이다.

국민소득 중에서 개인 비중이 낮아진 이유는 무엇일까? 우선 임금 상승률이 기업 이익 증가율에 미치지 못한 데서 찾을 수 있다. 1997년 이전에는 임금 상승률이 기업 이익 증가율을 다소 웃돌았다. 국민계정에 나타난 통계를 보면 1990~1997년에는 기업 이익 증가율이 연평균 15.5%였으나 임금 상승률은 16.2%로 약간 높았다. 그러나 그 후로는 상황이 역전되었다. 1997~2007년 임금 상승률은 연평균 6.9%로 기업 이익 증가율(10.3%)보다 훨씬 낮았다. 2008년부터는 그 차이가 줄어들고 있지만 기업 이익 증가율이 임금 상승률보다 높은 상태가 지속되고 있다.

개인 소득이 상대적으로 줄어든 두 번째 이유는 자영업자가 어려움을 겪고 있는 데 있다. 한국의 취업자 가운데 비임금 근로자가 2018년 12월 기준 25.1%를 차지하고 있다. 그러나 자영업의 영업 환경은 최근으로 올수록 더 어려워지고 있다. 2008~2017년 기업의 영업 이익 증가율은 연평균 6.3%였으나 자영업은 1.7%에 그쳤다. 이에 따라 가계 소득이 전체 국민소득에서 차지하는 비중이 줄어들었을 뿐 아니라 가계 소득에서도 자영업 영업 이익이 차지하는 몫 역시 23.2%(1996)에서 12.6%(2017)로 크게 낮아졌다.

가계가 가난해진 세 번째 이유는 이자 소득 감소에 있다. 개인의 순이자 소득은 2001년에 20조 4,000억 원으로 사상 최고치를 기록한 후 줄어들었다. 그러다가 2016년부터 1975년 이후 처음 마이너스로 돌아섰고, 2017년에는 3,886억 원의 이자를 더 부담했다.

이자 소득이 이처럼 감소하는 이유는 개인 부채 증가와 저금리에 기인한다. 우선 개인의 금융 부채가 큰 폭으로 증가했다. 1998년 개인의 금융 부채가 226조 원이었으나 2017년에는 1,687조 원으로 거의 8배나 증가했다. 이에 따라 금리가 하락했음에도 불구하고 개인의 이자 부담은 같은 기간 28조 5,000억 원에서 34조 5,000억 원 (2011년 48조 3,000억 원)으로 증가했다.

다른 한편으로 구조적으로 금리가 낮아져 가계 이자 소득이 줄었다. 1998년 연평균 13.3%였던 저축성 예금의 수신 금리가 2015년에는 1.6%까지 하락했다. 이 기간 개인의 금융 자산이 651조 원에서 3,668조 원으로 늘었음에도 이자 소득은 48조 7,000억 원에서 30조 6,000억 원으로 줄어들었다.

가계는 자금의 잉여 주체이고 기업은 자금의 부족 주체다. 금리가 하락하면 국민 경제 내에서 소득이 가계에서 기업으로 이전되는 것이다. 앞으로 금리는 더 떨어질 가능성이 크다. 한국 경제에서 저축률이 투자율을 웃도는 현상이 지속되고 있는 데다가 기업의 자금 수요 감소로 은행이 채권 매수를 늘릴 것이기 때문이다.

두 차례의 국내외 경제위기를 겪으면서 기업에 비해선 가계가 상대적으로 가난해졌는데, 가계 내에도 차별화가 심화되고 있다. IMF에 따르면 2013년 기준 한국의 상위 10% 소득 점유율이 45%로 1995년 29%에서 급증했다. 이는 아시아에서 최고 수준일 뿐 아니라 세계에서도 미국(48%) 다음으로 높은 것이다.

영업 이익보다 낮은 임금 상승과 저금리로 기업은 상대적으로 부자가 되었으나 가계는 가난해졌다. 따라서 기업 소득 일부를 가계 소득으로 이전할 필요가 있다. 이미 한국 정부도 기업에게 '임금을 올려라, 투자를 더해달라, 배당을 늘려라'라는 처방을 내렸다. 그러나 작동이 잘 되지 않고 있다. 기업은 임금의 하방경직성(수요공급의 법칙에 의해 내려야 할 가격이 어떤 사정으로 내리지 않는 것) 때문에 임금을 올리지 못하겠다는 것이다.

한국 기업은 현금성 자산이 충분한데 세계 경제의 공급 과잉으로 투자를 늘리지 못하고 있다. 그래서 배당금만 서서히 늘리고 있다. 가계는 직간접적으로 배당 투자를 해서라도 기업 소득 일부를 얻어내야 한다. 그러나 배당을 통한 소득은 주식을 가지고 있어야 가능하다. 은퇴했거나 은퇴를 앞둔 1차 베이비붐 세대는 수명 연장을 포함한 미래에 대한 불확실성 때문에 돈을 은행 예금이나 국채 등 안전 자산에 맡기고 주식 투자를 줄이고 있다. 아니, 주식을 살 돈이 별로 없다.

2008년 8월 144조 원까지 올라갔던 주식형 펀드는 2018년 7월 기준 80조 원 정도로 떨어졌다. 배당 소득이 낮은 사람에게는 배당 세금 전액을 면제하는 조치까지 고려해야 할 것이다.

앞으로 한국 경제의 잠재 성장률이 2%대에서 1%대로 떨어지면서 살아남은 기업은 더 잘되고 그렇지 못한 기업은 시장에서 사라질 것이다. 따라서 기업도 가계도 차별화가 더 심각해질 전망이다. 이제 각 경제 주체가 상대방의 눈을 마주 보면서 고용과 소득을 나눠야 한다. 돈 많은 대기업의 노력과 차별적 재정 정책으로 이를 부분적으로 달성할 수 있을 것이다.

가계 소득을 늘려야 한다

전 세계 경제가 잠재 능력 이하로 성장하고 있다. 거의 모든 산업은 초과 공급 상태에 놓여 있다. 수요 기반이 확충되지 않으면 세계 경제는 이대로 장기 침체 국면에 빠질 가능성이 크다.

미국 FRB의 의장이던 벤 버냉키 등이 쓴 《경제학》을 보면 '신발 공장 이야기'라는 할머니와 손자의 대화가 나온다.

"1930년대 중반이었지. 우리 부모는 아이들에게 새 신발을 사줄 수 있는 게 행복이었어. 그때는 많은 아이가 신발이 찢어질 때까지 신어야 했고, 몇몇 아이들은 맨발로 학교에 다녀야 했단다."

"왜 부모는 신발을 사주지 않았죠?"

"살 수가 없었단다. 돈이 없었지. 대부분의 아버지가 대공황 때문에 직장을 잃었거든."

"어떤 직장에 다녔는데요?"

"신발공장에서 일했는데, 공장이 문을 닫아야만 했지."

"왜 공장이 문을 닫아야 했나요?"

"아무도 신발을 살 돈이 없었거든."

"신발공장이 다시 문을 열어 아이들에게 필요했던 신발을 생산하면 되잖아요."

"세상일이 그렇게 돌아가지 않았단다…."

현재 세계 경제의 가장 큰 문제는 가계가 가난해져 '신발'을 살 돈이 점차 줄어들고 있다는 데 있다. 생산 활동을 통해 국민소득이 생기면 그 소득을 가계, 기업, 정부 등 각 경제 주체가 나눠 갖는다. 그런데 가계가 가져가는 소득 비중은 줄고 기업 몫은 늘었다.

우리나라도 1997년 외환위기 이전에는 국민총소득 가운데 가계 비중이 71%였으나 최근 62%로 낮아졌다. 반면 기업 비중은 17%에서 25%로 높아졌다. 이런 현상은 정도의 차이가 있을 뿐 세계 각국 경제에서 공통으로 나타나고 있다.

기업은 상대적으로 부자가 되고 가계는 가난해진 것이다. 실제로 주요 선진국의 가계 실질 소득은 2000년 이후 줄어들고 있다. 예를 들면 2014년 미국 가구의 실질 소득(중앙값 기준)은 5만 3,657달러였는데 1999년 5만 7,843달러보다 7.2% 감소한 수준이다.

실질 소득이 이처럼 줄어들다 보니 가계는 소비 수준을 유지하기 위해 금융회사에서 돈을 빌릴 수밖에 없었다. 그 결과 가계 금융 부채는 심각하다. 우리 가계 부채가 가처분소득의 170%를 넘어선 것이 대표적인 예다.

금리가 올라가면 가계는 부채를 상환하기 어렵다. 그래서 각국 정부는 저금리 정책을 계속 유지할 것이다. 가계 부채를 더 키워가면서 경제 성장을 유도해야 하는 상황인 것이다.

그러나 더 큰 문제는 저금리가 소비에 끼치는 영향이 갈수록 줄어들 것이라는 데 있다. 빠른 속도로 진행되고 있는 인구 고령화로 소비는 늘기 어렵다. 여기다가 주가와 집값 등 자산 가격마저 하락하면 미래 경제에 대한 불확실성이 더 커지면서 소비 심리는 크게 위축될 가능성이 높다.

가계가 신발을 사주지 않으면 신발공장도 망한다. 상대적으로 가난해진 가계가 소비를 할 수 있도록 기업이 임금 인상이나 고용 증대를 통해 먼저 나서야 한다. 더불어 조세 등을 통한 정부의 소득 분배 역할이 더 확대되어야 할 것이다. 노동 공급자일 뿐 아니라 수요자로서의 가계 역할이 더 강조되어야 할 시기다. 문재인 정부가 추구하는 소득 주도의 성장은 이런 상황을 반영한 것으로 볼 수 있다.

리디노미네이션을
검토하라

최근 리디노미네이션에 대한 논의가 활발하게 진행되고 있다. 우리는 찬성하는 쪽인데 그 근거는 다음과 같다.

첫째, 우리 경제 규모가 크게 확대되었다. 2018년 GDP가 1,782조 2,689억 원으로 2차 리디노미네이션을 했던 1962년의 3,658억 원보다 4,872배나 증가했다. 한국은행의 자금순환계정에 따르면 우리나라 총금융 자산이 2010년부터 1경(10,000,000,000,000,000) 원을 넘어섰고, 2018년에는 1경 7,148조 원에 이르렀다. 그래서 커피점 등에서 5,000원짜리 커피 한잔을 5.0으로 표현하기도 한다.

둘째, 한국의 수출이 세계 6위(2017년 기준)로 대외 규모는 커졌는데, 1달러당 1,100원대의 환율은 너무 높다. 한국보다 경제 규모가 작은 대만 통화는 2019년 4월 말 현재 미국 달러당 30.9대만달러, 싱가포르 1.36싱가포르달러, 말레이시아 4.13링깃 등으로 단위가 낮다. 중국 위안도 달러당 6.73위안 정도다. 세계 경제에서 한국의 위상이 격상된 만큼 환율 표시 단위도 같이 조정돼야 한다.

셋째, 리디노미네이션을 통해 내수를 부양할 수 있다. 높은 가계 부채로 소비가 부진한 상태에서 기업의 투자도 위축되고 있다. 여기다가 GDP의 50% 이상을 차지하고 있는 수출도 세계 경제 성장 둔화로 부진을 면치 못하고 있다. 화폐 단위가 변경되면 은행은 현금 지급기는 물론 금융 거래 관련 각종 소프트웨어를 대체해야 한다. 기업도 생산된 제품의 가격표를 바꿔야 한다. 이것이 관련 기업에는 비용이겠지만, 재화와 서비스를 제공하는 다른 기업에는 수입이 된다. 2004년 리디노미네이션 논의가 있었는데 당시 제지, 잉크, 컴퓨터, 자동판매기 교체 등으로 2조 6,000억 원이 들지만 5조 원 정도의 부가가치가 창출될 것으로 기대했었다. 그때보다 우리 경제 규모가 2배 정도 확대된 만큼 지금 리디노미네이션을 단행하면 그 효과도 클 것이다.

넷째, 지하 경제 양성화에 따른 세수 증대 효과도 기대해볼 수 있다. 우리나라 지하 경제 규모는 추정 방법에 따라 GDP의 8~25%로

투자의 미래

크게 다르다. 한국조세재정연구원이 2015년 기준으로 우리 지하 경제가 GDP의 8%일 것으로 보수적으로 추정했는데, 그렇더라도 그 규모가 125조 원에 이른다. 리디노미네이션의 경우 숨어 있던 돈이 밖으로 나오면서 세금도 내야 하고 소비 지출로 이어질 수 있다. 그 과정에서 돈이 돌게 된다. 2018년 말 기준으로 5만 원 발행 잔액이 95조 원으로 화폐 발행액 가운데 84%를 차지하고 있다. 그러나 최근 5년 동안 5만 원권의 평균 환수율이 49% 정도로 낮다. 우리 통화승수(=M2/본원통화)가 2019년 2월 현재 15배로, 2008년 26배에 비해 크게 떨어졌다. 통화승수가 이처럼 급락한 것은 가계의 현금 통화 보유 비율이 크게 늘어난 데 기인한 것으로 추정된다. 화폐 단위가 변경되면 단기일 수도 있지만 일단 돈이 돌게 된다.

　다섯째, 가장 중요한 이유는 한국 경제의 디플레이션 위기 때문이다. 2019년 들어 4월까지 소비자물가 상승률이 0.5%에 그쳐 한국은행이 통화 정책 목표로 내세운 2%를 훨씬 밑돌고 있다. 실제 물가 상승률이 목표치를 하회한 것은 새삼스러운 일이 아니다. 2013~2015년 소비자물가 상승률 목표를 2.5~3.5% 설정했으나, 실제 물가 상승률은 평균 1.1%였다. 2016년 이후로는 물가 안정 목표를 2%로 두고 통화 정책을 운용하고 있으나, 2016~2018년 3년간 물가 상승률은 평균 1.5%로 목표치 아래였다. 현대경제연구원은

〈준準 디플레이션 현상의 원인과 시사점〉이라는 보고서에서 한국 경제가 디플레이션에 근접한 상태에 빠졌다고 진단했다.

벤 버냉키는《행동하는 용기 : 경제위기와 그 여파에 대한 회고》라는 저서에서 "인플레이션이 아주 낮은 것은 아주 높은 것만큼이나 경제에 해로울 수 있다. 낮은 인플레이션 혹은 디플레이션에 빠져나오기는 매우 힘들어서, 단기 금리를 제로 수준까지 낮추더라도 완전 고용 수준에 이르기에는 역부족일 수 있다"고 했다.

적극적 재정 및 통화 정책뿐 아니라 리디노미네이션 같은 제도적 요인도 디플레이션을 예방하는 하나의 방법이 된다. 1990년대 초반부터 시작된 디플레이션으로 일본이 세계에서 가장 역동적으로 성장했던 나라에서 가장 더디게 발전하는 국가로 변했는데, 우리 경제가 비슷한 길을 뒤따르고 있다. 행동이 필요한 시기다.

투자의 미래

남북 평화와
경제 성장

남북 평화의 경제적 의미

한국 경제 발전의 가장 확실한 돌파구로 거론되는 것이 '남북 평화'다. 학자마다 예측이 다르지만, 남북 경제협력의 효과는 30년간 170~346조 원에 이르리라 전망된다. 문재인 대통령은 일본과의 경제 갈등이 깊었던 2019년 8월 5일 수석보좌관 회의에서 "남북 경제협력으로 평화 경제를 실현한다면 우리는 단숨에 일본의 우위를 따라잡을 수 있다"고 말하기도 했다.

오랜 냉각 상태에 있던 남북 관계가 해빙을 맞았던 2018년 4월에는 판문점에서 남북 정상이 만나 완전 비핵화와 평화 체제 구축을 공식 추진하는 내용의 '판문점선언'을 발표했다. 여기에는 경제협력의 비전도 포함되어 있다. 남북 경제협력은 마땅한 투자처를 찾지 못한 남한 기업에 활력을 불어넣어주고, 북한의 경제 성장을 촉진해 통일비용을 낮춰줄 것으로 기대된다.

남북 관계의 개선은 거시적 측면에서 남북한 경제 성장에 크게 기여할 가능성이 크다. 1997년 외환위기 이후 남한 경제에 나타난 가장 중요한 특징 가운데 하나는 총저축률이 국내 투자율보다 높아졌다는 것이다. 그 결과 경상수지가 구조적 흑자로 돌아섰다. 1998~2017년 누적 경상수지 흑자는 7,334억 달러였는데, 이런 경상수지 흑자가 금융 계정을 통해 해외 직접 투자와 증권 투자 형태로 국외로 나가고 있다.

같은 기간 동안 해외 직접 투자는 1,456억 달러로 경상수지 흑자의 20%를 차지하고 있다. 미시적 측면에서도 2019년 3월 말 현재 우리 기업들이 627조 원에 이르는 현금성 자산을 보유하고 있을 정도로 투자할 자금이 많다. 경상수지 흑자로 들어온 자금이 해외로 나갈 수밖에 없는 상황이다.

현금이 많은 기업은 투자처를 찾아야 한다. 남북 관계에 이어 북미 관계가 정상화되고 비핵화가 진전되어 북한에 대한 경제 제재가 완화된다면, 이 돈들이 상당 부분 북한으로 갈 것이다. 북한은 세계에서 문맹률이 가장 낮은 국가 가운데 하나다. 남한의 여유 자금과 북한의 저임금 노동력 결합은 질 좋은 상품을 싸게 생산할 수 있는 계기를 마련해줄 것이다. 삼성전자는 손재주가 좋은 저임금 노동력을 활용해 베트남에서 휴대폰을 대량 생산하고 있는데, 굳이 멀리 베트남까지 갈 필요가 없다.

남한 경제 전체적으로는 경상수지 흑자를 처분할 수 있고, 기업은 새로운 투자와 이윤의 기회를 얻을 수 있는 곳이 북한이다. 이는 중장기적으로 통일비용을 크게 낮출 수 있다. 2016년 남한의 1인당 국민소득은 3,212만 원으로 북한(146만 원)보다 2배나 많다. 남한 기업의 투자는 북한의 1인당 국민소득을 크게 향상시켜 통일비용을 절감시킬 수 있다.

북한의 경제 개발을 지원하려면 남한 정부가 재정 부담을 해야 하기 때문에 정부 부채가 늘고 국채 발행으로 금리도 오를 수 있다. 가계는 정부가 재정 확충을 위해 더 많은 세금을 부과할 것이라는 기대로 소비를 줄일 가능성이 크다. 하지만 멀리 내다보면 남북경협의 확대가 남북한 경제나 금융 시장에 주는 긍정적 효과가 훨씬 더 클 것이라는 사실은 변함이 없다.

남북 경제협력의 사업 전망과 효과

2000년과 2007년의 남북정상회담에서는 남북 경협이 주요 의제였다. 남북이 경협을 통해 민족 경제를 균형적으로 발전시키고 공동 번영을 이뤄보자는 목표를 제시했다. 2007년 '10·4남북정상회담'에서 남북 정상은 경제협력을 위한 투자 장려, 기반 시설 확충과 자원 개발의 적극 추진, 개성공단의 개발과 활성화, 개성-신의주 철도와 개성-평양 고속도로 개보수, 안변과 남포에 조선협력단지 건설 등을 합의했다. 이어 2018년 4월 27일 판문점선언에서 남북 정상은 민족 경제의 균형 발전과 공동 번영을 위해 10·4선언에서 합의된 사업을 적극 추진하기로 재차 약속했다.

앞으로 북한 핵 문제가 해결되고 UN 제재가 해소되면, 남북 경협은 기존 사업의 재개에서 시작될 것이다. 그다음에 계획된 사업을 확장하고 한반도 신경제 구축 순서로 진행될 가능성이 크다.

기존 사업의 재개는 금강산을 포함한 개성과 백두산 관광에서 시작될 것이다. 개성공단이 새롭게 가동되고 확장될 전망이다. 개성공단 사업이 재개된다면 관련 남한 기업들의 참여가 크게 확대될 것이다. 당초 개성공단 개발은 총 3단계에 걸쳐 2,000만 평을 계획했는데, 1단계 사업으로 100만 평만 개발된 뒤 진전되지 못했다.

개성공단이 재개되면 우리 기업들이 저임금과 문맹률이 낮은 북한의 노동력을 활용해 생산 활동을 할 것이다. 이는 현금 잉여가 풍부한 남한 기업에 새로운 투자처를 제공하고, 상품을 더 싸게 생산해 수출 경쟁력을 높일 수 있을 것이다.

개성공단 개발이 성공하면 남북 경협은 신의주 등 북한이 19개 경제개발특구로 지정한 지역까지 확대될 것이다. 그전에 사회간접자본 투자가 먼저 이뤄져야 한다. 개성과 신의주를 잇는 철도 공사 등 남북 간 철도 연결 프로젝트, 남한 동해안과 북한의 나진·선봉 경제무역지대, 중국 동북 3성, 내몽골을 잇는 두만강개발계획 프로젝트가 추진될 것이다. 2016년 기준으로 남한의 철도 총연장 거리는 1만 3,182km로 북한의 5,226km보다 2.5배 길고 도로 총연장 거리도 남한이 북한보다 4.2배나 길다. 우리 기업들의 인프라 구축과 관련된 투자가 크게 확대될 수밖에 없는 이유다.

남북한의 도로 및 철도 연결과 현대화는 인프라 투자의 경제적 효과뿐 아니라 물류 효율화를 통해 장기적으로 통일한국이 동북아 물류의 허브가 될 수 있는 기반을 마련해줄 것이다. 2013년 우리 정부는 유라시아 간 경제협력을 통해 경제 활성화를 이루고 북한의 개발을 유도하기 위해 유라시아 이니셔티브 구상을 발표했다. 한반도와 유라시아 지역을 연결하는 교통 및 에너지 인프라를 구축하고 제도적 장벽을 제거해 단일 경제권으로 만들기 위한 방안이다.

　장기적으로 남북 경협 확대는 우리 산업 전반에 중요한 영향을 끼칠 전망이다. 우선은 북한의 사회간접자본 투자와 관련된 산업이다. 우리 건설업이 남북 경협에서 다시 성장 동력을 찾을 것이고, 전력 및 에너지, 유무선 통신, 자원 개발 관련 산업도 투자처를 찾을 것이다. 그다음 기계와 소재 산업 같은 다양한 중간재 산업이 영향을 받을 것이다. 그 후 북한의 1인당 국민소득 증가에 따라 가전과 자동차 산업도 긍정적 영향을 받을 것이다.

코리아 디스카운트 해소 계기

　남북 평화 무드가 조성되면 증권 시장이 이를 반긴다. '코리아 디스카운트'를 해소할 기회가 되기 때문이다. 지정학적 위험 완화는 기업의 배당 증가, 지배 구조 개선과 더불어 한국 증시를 한 단계 도약시키는 결정적인 계기가 될 것이다.

　이른바 '코리아 디스카운트'는 한국 주가가 다른 나라에 비해 상대적으로 저평가되었다는 데서 나온 말이다. 최근 주가수익비율(PER=주가/주당 순이익)을 비교해보면 한국이 9배 정도로 대만(14배), 일본(13배)뿐 아니라 미국(21배)에 비해 훨씬 낮다.

한국 주가가 상대적으로 낮게 평가된 이유로는 3가지가 있다. 우선 한국 기업의 배당 성향이 매우 낮다. 2017년 한국의 배당 성향은 21%로 일본 29%, 대만 59%를 크게 밑돌았다. 배당 성향이 낮아서 한국 주가가 상대적으로 오르지 못한다. 다음으로 불투명한 기업 지배 구조도 한국 주가를 할인시키는 요인으로 작용했다. 남북한의 지정학적 리스크도 한국 주가의 저평가 원인이 되었다.

이제 이런 요인들이 점차 개선되는 추세다. 먼저 기업들이 배당을 더 줄 수밖에 없는 경제 환경이 전개되고 있다. 1997년 외환위기와 2008년 글로벌 금융위기를 겪으면서 국민총소득GNI 가운데 기업 비중은 상대적으로 늘었고 가계 비중은 줄었다.

예를 들면 1997년 이전에는 GNI 가운데 개인 비중이 71%였으나 2008년 이후로는 62%로 크게 낮아졌다. 같은 기간에 기업 비중은 17%에서 25%로 높아졌다. 이 기간 구조조정으로 기업 이익은 늘었으나, 임금 상승률이 미치지 못해서 그렇다.

이에 따라 우리 정부는 기업 소득의 일부를 가계 소득으로 이전시키기 위해서 기업에 임금 상승과 고용 증가, 배당금 확대 등을 요구하고 있다. 그러나 임금의 하방경직성이 걸림돌이 되어 기업은 임금 인상을 주저하고 있다. 2018년 8월 기업 설비 투자는 전년 동월 대비 2.7% 감소할 정도로 투자에도 신중한 모습이다. 하지만 결국 배당을 더 줄 수밖에 없을 것이다.

다음으로 기업의 지배 구조 개선이다. 재벌 기업 총수들이 가지고 있는 지분이 낮아서 일부는 배당금보다 계열사끼리 일감 몰아주기를 통해 이익을 챙겼다. 그러나 문재인 정부 경제 정책의 중요한 목표 가운데 하나가 공정 경제인 만큼 지배 구조도 점진적으로 개선되고 있다. 배당 성향 및 기업 지배 구조 개선과 더불어 남북정상회담 이후 지정학적 리스크의 감소는 한국 주식 시장을 재평가해주는 계기가 될 것이다. 물론 글로벌 금융 시장이 불안해지면 그 시기는 다소 지연될 수 있다.

북한의 경제 개발을 지원하려면 남한 정부가 재정을 부담해야 하므로 정부 부채가 늘고 국채 발행으로 금리가 오를 수도 있다. 가계는 정부가 재정 확충을 위해 더 많은 세금을 부과할 것이라는 기대로 소비를 줄일 가능성이 높다. 하지만 장기적으로 남북 경협의 확대가 남북한 경제나 금융 시장에 주는 긍정적 효과가 훨씬 더 클 것이다. 글로벌 금융위기 이후 풍부한 유동성으로 각종 자산에 거품이 발생했고, 이제 그 거품이 붕괴되는 과정이므로 인내심이 필요한 시기다.

투자의 미래

남북 경협주 투자 전략

현 정부 정책에 따라 남북 경협주에 투자하는 것은 좋은 전략이다. 남북한 화해와 경제협력 분위기가 주는 모멘텀을 지켜보면서 단기 수익을 실현하는 쪽으로 투자할 수 있다. 남북 경협주는 장기 흐름에서도 크게 성장할 잠재력이 있다.

과거 남북 경협주는 단기 모멘텀 위주로 짧게 치고 빠지는 투자 전략이 효과적이었다. 지금은 상황이 다르다. 2020년 총선과 2022년 대선에서 정권이 교체되지 않는다면 남북 화해 기조를 이어나갈 가능성이 크다. 이 경우 남북 경협주는 우상향 가능성이 높다.

매우 높은 변동성이 문제다. 일반 개인 투자자들이 세심한 검토 없이 접근한다면 남북 경협주 투자는 매우 위험할 수 있다. 관련 내용을 광범위하게 공부하고 상황을 면밀하게 보면서 투자해야 한다.

고령화와
자산 배분의 변화

IMF는 2014년 일본 인구의 고령화가 디플레이션을 초래했다는 연구 보고서를 낸 적이 있다. 2017년 발표한 조사 보고서에서는 한국의 고령화가 인플레이션에 미치는 영향을 회귀 분석했다. 그 결과 고령화는 2022년까지 한국 물가 상승률을 0.3%포인트 끌어내리는 영향을 미칠 것이라고 지적한 바 있다.

일본보다 더 빠른 고령화 속도를 보이는 한국에서는 중장기적으로는 각 경제 주체가 디플레이션 가능성을 심각하게 고려하고 대응해야 한다. 경기 둔화와 고령화 속 디플레이션 징후를 보이면서 20년간 디플레이션과 경기 침체의 악순환에 빠졌던 일본의 전철을

밟지 않도록 주의를 기울여야 할 것이다.

2019년 8월 한국은 사상 처음으로 마이너스 물가를 기록했다. 2019년 소비자물가가 1월 0.8%를 기록한 이후 계속 1%를 밑돌다가 8월에는 −0.04%를 기록한 것이다. 정부는 농·축·수산물 가격과 국제 유가 하락 등 공급 측 요인과 유류세 인하, 건강보험 적용 확대, 무상급식 등 정책 요인에 따른 일시적 현상이라며 기저 효과가 사라지는 11~12월에는 플러스로 돌아설 것으로 내다봤지만, 한국 경제가 디플레이션에 빠질 수 있다는 우려가 고조된 것은 부인할 수 없는 사실이다.

미·중 무역 분쟁과 일본 수출 규제 등으로 대외 여건이 악화하고 있는 가운데 세계적 경제위기라는 예상 밖의 충격으로 전반적 총수요가 급격히 위축될 가능성도 있다. 무엇보다 경기가 둔화하는 가운데 잠재 성장률이 떨어지고, 세계 최고 속도로 고령화가 진행되는 한국에서는 마이너스 물가가 종종 발생할 수 있다는 지적을 심각하게 받아들여야 한다.

가계 : 주택 수요 감소, 안전 자산 선호

인구 고령화는 다양한 측면에서 가계의 소비 행태에 영향을 줄

뿐 아니라 거시적으로 생산성 감소를 통해 잠재 성장률을 낮추고 나아가서는 디플레이션을 초래한다. 인구 고령화가 가계에 끼치는 주요 영향을 보면 다음과 같다.

첫째, 나이가 들수록 가계는 상대적으로 작은 집을 찾는다. 그래서 주택 및 토지에 대한 수요가 줄고 가격이 하락한다. 일본은 1990년부터 35~55세 인구가 줄면서 주택 가격이 폭락했다.

둘째, 노인들은 안전 자산을 찾아 투자하려는 성향이 있는데, 그중에서도 안정성이 높은 국채를 선호한다. 따라서 국채 수요가 증가하면서 금리(국채 수익률)가 하락한다. 이때는 가계 및 기업의 자금 수요 감소로 은행도 국채 투자 비중을 늘리면서 금리 하락 속도를 가속화시킨다.

셋째, 가계 소비 지출 구성비도 달라진다. 인구의 고령화가 진전될수록 자동차 등 내구재에 대한 소비 지출은 상대적으로 줄고 의료 보건 등 서비스 지출이 늘어난다.

넷째, 인구 고령화 단계가 높아질수록 소비를 위해 해외 자산에 투자했던 자금을 환수하면서 그 나라의 통화 가치가 오르게 된다. 인구의 고령화가 1990년대 엔화 가치 상승을 초래했던 중요한 요인이 된 것이다.

다섯째, 인구 고령화로 노동 참여율이 떨어지게 된다. 이는 생산의 가장 중요한 요소 가운데 하나인 노동 공급을 감소시켜 잠재 성장률 하락을 초래한다. 고령화로 내구재 소비 지출은 상대적으로 줄고 서비스 지출은 늘어 경제가 제조업보다는 서비스업 중심으로 성장할 가능성이 크다. 일반적으로 서비스업의 생산성은 제조업보다 낮아 총요소생산성 감소를 통해 잠재 성장률이 떨어지게 된다.

이처럼 인구 고령화는 수요 측면에서는 소비 감소를, 공급 측면에서는 노동 공급을 줄여 잠재 성장률을 낮춘다. 노인들은 인플레이션보다 디플레이션을 더 좋아한다. 임금 소득이 없는 노인들은 인플레이션이 발생하면 보유한 예금의 실질 구매력이 감소하지만 디플레이션이면 구매력이 증가한다. 실제로 앞서 언급한 IMF 보고서는 인구의 고령화가 시차를 두고 경제 성장률과 물가를 떨어뜨린 것으로 분석하고 있다.

기업 : 고용 감소를 통해 디플레이션 악순환 초래

물가가 일시 하락한다면 가계의 실질 소득이 증가하고 소비가 늘 수 있다. 그러나 물가가 지속적으로 하락하면 소비는 오히려 줄어든다. 필수품이 아닐 경우 물가가 계속 떨어진다면 가계는 소비 지출을 미룰 것이다. 그러면 기업의 매출이 감소하고 기업은 고용과 투자를 줄이게 된다. 이는 가계 소득 및 소비 지출 감소로 이어져 디플레이션을 더 심화시킨다. 이런 악순환을 막으려고 일본 정부는 소비자물가 상승률이 2%에 이를 때까지 무한정으로 통화 공급을 늘리기로 했다. 이것이 '아베노믹스'의 핵심 정책이다.

한편 가계의 노후 소비를 위한 해외 자금 환수는 그 나라의 통화 가치를 상승시키게 된다. 고령화 초기에는 소비와 투자 등 내수가 위축되면서 수입이 줄고 무역(경상)수지가 대폭의 흑자를 기록하게 된다. 상품 교역에서 벌어들인 돈은 해외에 직접 투자나 금융 상품 투자로 나간다. 그러나 나이가 더 들면 가계가 소비하기 위해 해외 자산을 매각한다. 그러면 자국 통화에 대한 수요가 늘면서 통화 가치가 상승한다. 이는 기업의 수출 가격 경쟁력을 저하시키는 원인이 된다. 따라서 기업은 고령화에 따르는 내수 감소와 수출 위축으로 투자를 더 줄이게 되고 이는 가계의 노동 공급의 감소와 잠재 성장률을 더 낮추게 된다.

정부 : 재정 적자 확대

한 나라의 인구가 고령화한다는 것은 세금 낼 사람은 줄고 정부로부터 사회 보장을 받는 사람은 더 늘어나는 것을 의미한다. 따라서 세금은 줄어들고 정부 지출은 늘어 재정 적자가 확대된다. 일본의 정부 부채가 2019년 GDP 대비 240% 수준에 도달한 것은 고령화의 결과라 할 수 있다.

재정 적자가 늘수록 재정으로 경기를 부양하는 데는 한계가 있다. 정부는 재정 건전화 목표를 설정해야 하므로 재정 지출은 상대적으로 줄어들고, 이는 인구 고령화에 따른 소비 및 투자 수요 감소와 더불어 총수요를 감소시켜 디플레이션 압력을 더 심화시키게 된다.

그러나 정부 부채가 지속할 수 없을 정도로 높은 수준일 때, 정부는 부채의 화폐화debt monetization를 통해 인플레이션을 일으킬 수 있다. 이는 중앙은행이 화폐 발행을 통해 정부의 부채나 재정 적자를 해소시키는 것을 의미한다. 월가의 대표적 비관론자 마크 파버 〈글룸 붐&둠Gloom, Boom&Doom〉 발행인은 일본 정부가 수년 내 부채의 화폐화를 시도할 것으로 보고, 이에 따라 엔화 가치가 대폭 하락할 것으로 전망하고 있다.

한국, 세계에서 가장 빠른 속도로 고령 사회 진입

통계청에 따르면 2018년 한국의 출생아 수는 32만 6,900명으로 2017년보다 8.6%나 줄었다. 합계출산율은 0.98명으로 사상 최저치를 기록했다. 매년 100만 명 이상의 아이가 태어났고, 합계출산율이 4.5명이던 1970년대 초반에는 상상조차 할 수 없었던 일이다.

　반대로 기대 수명은 2018년 기준 남녀 평균 82.7세로 길어지다 보니 인구 고령화가 매우 빠른 속도로 진행되고 있다. 보통 65세 인구 비율이 7%일 때 고령화 사회에, 14%일 때를 고령 사회에 진입했다고 한다. 프랑스는 고령화 사회에서 고령 사회로 가는 데 126년, 미국과 이탈리아는 각각 71년과 61년이 걸렸다.

　세계에서 인구 고령화 속도가 가장 빨랐던 일본은 24년(1970~1994)에 걸쳐 고령화 사회에서 고령 사회로 변모했다. 그런데 한국은 고령화 속도가 일본보다 빠르다. 한국은 2000년에 65세 인구 비중이 7%를 넘어서면서 고령화 사회에 접어들었고, 2018년에는 14%에 이르면서 고령 사회에 도달했다. 그 기간이 18년인데 세계에서 보기 드문 현상으로 기록될 것이다.

원화 가치 상승

　2017년 이후 원화 가치가 상승하고 있다. 따지고 보면 이것도 인구 구조에서 그 원인을 찾을 수 있다. 인구 고령화로 소비와 투자 등 내수가 위축되면서 수입 증가세가 둔화되고 있다. 수출이 크게 늘지 않고 있는데도 경상(무역)수지가 대폭 흑자를 내고 있는 이유가 여기에 있다. 2015년에는 경상수지 흑자가 1,059억 달러로 규모로는 사상 최대치를 기록했고 GDP 대비 7.7%로 매우 높았다. 경상수지 흑자가 2017년에는 785억 달러, 2018년에는 764억 달러로 다소 줄었지만 여전히 흑자를 기록하고 있다.

경상수지 흑자는 구조적인 것이고 이는 원화 가치 상승으로 이어질 것이다. 지금 당장은 경상수지 흑자가 자본수지 적자로 이어지므로 환율 하락 속도는 천천히 진행될 것이다. 그러나 본격적으로 고령 사회에 이르면 해외에 투자된 가계 자금이 환수되면서 환율 하락 속도는 더 빠르게 진행될 전망이다. 이는 수입 물가 하락을 통해 내수 위축으로 내재한 디플레이션 압력을 더 키울 것이다.

금리 하락세 지속

물가가 하락하면 금리도 떨어진다. 1997년 외환위기 이후 국내 저축률은 투자율을 넘어섰고, 자금 수요보다 공급이 많아 저금리 여건이 조성된 상태다. 여기다가 고령화한 가계는 안전 자산을 선호하게 되고 은행은 대출 수요 부진으로 국채를 사게 될 것이다. 엎친데 덮친 격으로 3조 달러가 넘는 외환 보유액을 쥐고 있는 중국은 우리 국채 시장을 기웃거리고 있다. 머지않아 10년 만기 국채 수익률이 1%대에 정착되고, 한국의 보험회사들은 어떻게 생존할 것인가를 심각하게 고민해야 할 상황에 놓일 것이다.

고령 사회에서는 주택과 주식 등 자산 가격도 상승하기 어렵다. 일본의 1990년처럼 한국도 주택의 주요 구입층인 35~55세 인구 비중이 2011년 34%로 정점을 기록한 후 하락하고 있다. 가계의 금융 자산이 2018년 말 기준 약 3,771조 원으로 크게 늘었으나, 주식 비중은 15% 내외로 2007년에 21.4%를 기록한 이후 낮아지고 있다.

한국 가계가 금융 자산의 35.8%를 주식으로 보유한 미국 가계처럼 주식을 많이 산다면 주가는 큰 폭으로 상승할 수 있다. 그러나 일본 가계는 11% 정도를 주식으로 보유하고 있다. 우리나라 가계도 고령화가 진전되면서 안전 자산을 선호하게 되어 주식 비중은 더 낮아질 수 있다.

은행예금금리가 거의 0%에 가까운데도 일본 가계가 금융 자산의 51%를 은행에 맡기는 이유는 디플레이션으로 실질 금리는 1% 이상이었기 때문이다. 일본의 평균 상속 연령이 67세로 알려져 있는데 고령화한 상속인들이 주식 등 위험 상품보다 안전 자산을 선호하면서 은행에 돈을 맡기고 있는 결과를 낳았다. 불행히도 이것이 우리에게 닥칠 미래다.

현실이 된 디플레이션

일본의 사례에서 살펴본 것처럼 인구의 고령화는 잠재 성장률을 낮출 뿐 아니라 디플레이션을 초래할 가능성이 크다. 한국 경제는 디플레이션 가능성을 고려하면서 통화 정책 방향을 재설정해야 할 시기에 와 있다.

2019년 1분기 한국 실질 GDP는 전 분기보다 0.4% 줄었다. 미국 식 연율로 따지면 −1.6%인 셈이다. 미국의 경제 성장률 3.2%보다 훨씬 낮았고, 심지어 유로존 0.3%에도 미치지 못했다. 2분기에는 전 분기 대비 상승했지만 기저 효과가 작용했기 때문이다.

이렇게 경제 성장률이 부진하면 한국 경제에 디플레이션 압력이 존재하고 물가 상승률도 낮아질 수밖에 없다. 실제로 2019년 들어 8월까지 누계 소비자물가 상승률은 0.5%에 그쳤다. 1965년 통계 작성 이후 역대 최저치를 기록한 것이다. 2019년 8월에는 마이너스로 접어들면서 디플레이션의 공포를 키우고 있다.

2019년 한국의 물가 상승률은 한국은행이 통화 정책 목표로 내세운 2%를 훨씬 밑돌고 있다. 실제 물가 상승률이 목표치를 하회한 것은 새삼스러운 일이 아니다. 2013~2015년 소비자물가 상승률 목표를 2.5~3.5% 설정했으나 실제 물가 상승률은 평균 1.1%였다.

2016년 이후로는 물가 안정 목표를 2%로 두고 통화 정책을 운용하고 있으나, 2016~2018년 3년간 물가 상승률은 평균 1.5%로 목표치 아래였다.

벤 버냉키 전 FRB 의장이 책을 통해 디플레이션의 위험성을 강하게 경고했는데 이런 지적에 무게를 두어 받아들일 때가 되었다.

한국 경제가 현재 디플레이션에 빠진 것은 아니지만 위험성이 매우 고조되고 있다. 구조적 문제를 잘 따져봐야 할 것이다. 한국 수출에서 반도체가 차지하는 비중이 매우 높은 등 특정 산업에 대한 의존도가 크므로 대외 환경 변화에 대한 취약성이 높고, 구조조정이나 체질 개선 노력도 기대에 미치지 못한 것도 사실이다.

구조조정은 정부에 맡기고, 한국은행은 수요 측면에서 디플레이션 가능성을 깊게 분석해야 할 것이다. 2019년 1분기 민간 소비는 전 분기에 비해 0.1% 증가하면서 경제 성장률이 더 추락하는 것을 막았다. 그러나 1,530조 원에 이르는 가계 부채와 소득 대비 원리금 상환 비율이 30%를 넘는 상황을 고려하면 가계 소비가 증가하면서 경제 성장을 주도할 가능성은 낮다. 집값 등 자산 가격이 하락하면 소비 심리는 더 위축될 것이다.

투자 전망도 밝지 않다. 건설 투자가 GDP에서 차지하는 비중이 1991년 30%를 정점으로 2018년에는 15%까지 떨어졌다. 다른 나라

(미국과 일본 3%)와 비교하면 아직도 높은 수준이므로 더 낮아질 가능성이 크다. 건설업이 '확장 사회'에서 '수축 사회'로 가는 대표 사례가 될 것이다. 설비 투자 전망도 낙관적이지 않다. 주요 산업이 수요 부족으로 초과 공급 상태에 있고 구조조정을 해야 하는 상황에서 '체제 불확실성'도 기업의 투자 심리를 위축시키는 요인으로 작용하고 있다.

2018년 실질 GDP에서 수출이 차지하는 비중이 55%였을 만큼 한국 경제의 대외 의존도는 매우 높다. 그런데 향후 2~3년 정도를 내다보면 수출 환경은 어둡다. 미국에서 시작한 글로벌 금융위기를 극복하기 위해서 각국 정책 당국이 과감한 재정 및 통화 정책으로 대응했다. 그 결과 세계 경제가 회복된 것은 사실이지만 미국 등 선진국 정부가 부실해졌고, 중국을 포함한 일부 신흥국의 기업 부채는 지속할 수 없을 정도로 높아졌다. 한국은 가계 부실 정도가 심해졌다. 부채에 의해 성장했고, 그에 따른 진통의 시기가 도래하고 있는 것이다.

이런 국내외 상황을 고려하면 한국 경제에서 상당히 오랫동안 실제 GDP가 잠재 수준보다 낮은 성장을 하고 디플레이션 압력은 갈수록 높아질 것이다. 그리고 이는 다시 잠재 성장률을 낮추는 요인으로 작용할 것이다. 벤 버냉키는 1990년대 초반부터 시작된 디플

레이션으로 일본이 세계에서 가장 역동적으로 성장했던 나라에서
가장 더디게 발전하는 국가로 변했다고 지적했다.

이제 디플레이션 상황을 현실로 받아들이고 이를 극복하기 위한
대책을 마련해 행동에 나설 시기가 되었다.

금융 강국으로
일어서라

기회의 문을 열자

우리는 2019년 말 이후부터 세계 경제가 위기를 겪으며 침체된 후 회복되는 과정에서 대한민국이 금융 투자를 통해 국부를 쌓기를 바란다. 국민연금공단 등 연기금을 관리하는 기관은 열린 기회를 십분 활용해야 할 것이다. 국민이 맡긴 소중한 돈을 지혜롭고 적극적으로 해외에서 운용해 복지 재원 마련에 큰 힘을 보태야 한다. 아울러 국민 개개인도 해외 금융 투자를 통해 부를 쌓기를 소망한다. 이것이 우리가 이 책을 쓴 목적이다.

한국 사회에서는 주식 등 금융 투자를 기피하는 경향이 있다. 막연하게 위험하게 느낀다. 원금 보장을 추구하는 손실 회피와 안전 추구 성향이 강하기 때문이다. 경제와 기업을 공부하지 않고 도박성이 강한 무모한 투자를 감행하거나 심리나 유행에 떠밀려가다가 낭패를 본 사람을 주변에서 많이 본 것도 이유 가운데 하나다.

하지만 투자는 반드시 합리적인 투자 철학과 안목이 뒷받침된 상태에서 나서야 한다. 과거 금리가 높을 때는 투자가 선택이었다. 하지만 저금리인 현재는 투자가 인생의 필수다. 한국 경제는 저성장, 저금리 추세인데 평균 수명이 늘었다. 긴 노후를 위해서는 반드시 투자해야 한다. 다양한 투자 환경이 열리고 있다. ETF와 같이 금융 시장이 좋든 나쁘든 투자할 수 있는 수단을 적극 활용해야 한다.

금융 후진국의 불명예

세계경제포럼WEF이 2015년 한국의 금융 경쟁력 순위를 세계 87위로 발표하면서 국내 금융계와 경제계가 충격에 빠졌다. 아프리카의 빈국 우간다의 81위보다 6계단 뒤처졌기 때문이다. 2016년에는 같은 조사에서 80위를 기록해 77위 우간다보다 순위가 낮았다. 2017년에는 74위였다. 이런 조사 결과는 한국 금융계가 받아들이기

투자의 미래

에는 부당한 측면이 크다. 설문 조사 위주의 정성 평가이기에 실태가 정확하게 반영되지 않았다. 그래서 객관적 수치를 더 많이 반영하는 계량 조사 중심의 결과는 19위로 대폭 올랐다.

조사 방식 변경으로 억울함에서 벗어나기는 했지만, WEF 금융 경쟁력 조사 결과가 주는 시사점은 매우 크다. 한국의 금융 이용자들이 금융 서비스의 문턱이 높고 폐쇄성이 강하다고 느낀다는 사실이 설문 조사 결과 드러났기 때문이다.

한국의 투자와 금융 세계에는 보이지 않는 허들이 존재해왔다. 정보의 비대칭성 또한 분명히 있다. 투자자들은 투명하게 공개된 풍부한 정보를 공급받지 못한다. 하지만 이제 그 사정이 달라질 것으로 본다. 소셜네트워크 혁명으로 일컬어지는 미디어 변화가 새로운 양상을 만들어내고 있기 때문이다. 비트코인 열풍은 이런 변화 속에서 가능했다. 이제 더 투명해지고 공개된 금융 환경에서 더 합리적인 선택을 할 수 있는 방향으로 변화가 시작되었다. 한국의 투자자들이 이런 변화의 혜택을 더 많이 누리기를 바란다.

IT 강국의 역동성을 발휘하자

우리나라는 기술적 투자 환경이 전 세계에서 가장 뛰어나다. 쉽고 빠르게 투자할 수 있는 도구 측면에서 한국 투자자들은 큰 행운을 안고 있다. HTS를 무료로 쓸 수 있는 나라는 대한민국밖에 없다. 그래서 HTS를 사용하는 인구 비율이 전 세계에서 가장 높다. 스마트폰 하나만 있으면 언제 어디서든 자유롭게 투자할 수 있는 투자 혁명의 시대를 살고 있다.

조금만 더 공부하고 인터넷을 뒤지고 때로 발품을 팔면 몇 배 혹은 몇 십 배의 수익을 기대하는 투자처와 투자 방법을 발굴해낼 수 있다. 이런 투자가 위험하다고 느끼거나 개인 투자자로서 자기 판단에 확신이 없을 때, 투자에 시간과 에너지를 쏟기 어려울 때는 '정액 적립식'이라는 단어를 기억했다가 활용하면 된다.

사람마다 투자 성향과 자금 환경이 다르지만, 한국의 투자자 모두가 30년 만에 찾아오는 큰 투자 기회를 놓치지 않기를 바란다. 그리고 이를 통해 대한민국이 금융 강국으로 일어서기를 소망한다.

❖ ❖ ❖ ❖

2020 - 2022 앞으로 3년, 투자의 미래

1판 1쇄 발행 | 2019년 10월 31일
1판 4쇄 발행 | 2020년 4월 2일

지은이 김영익, 강흥보
펴낸이 김기옥

경제경영팀장 모민원 기획 편집 변호이, 김광현
커뮤니케이션 플래너 박진모
경영지원 고광현, 임민진
제작 김형식

디자인 제이알컴
인쇄 · 제본 민언프린텍

펴낸곳 한스미디어(한즈미디어(주))
주소 121-839 서울시 마포구 양화로 11길 13(서교동, 강원빌딩 5층)
전화 02-707-0337 | 팩스 02-707-0198 | 홈페이지 www.hansmedia.com
출판신고번호 제 313-2003-227호 | 신고일자 2003년 6월 25일

ISBN 979-11-6007-414-7   03320